# 네 마음 괜찮니?

이매훈 제2수필집

 여는 글

가끔 나는 '내'가 되기도 하고 '네'가 되기도 한다.
내가 네게 자주 묻는다. "네 마음 괜찮니?"라고.
내가 고통과 아픔으로 힘들어하면, 어느새 네가 다가와서
"괜찮아, 다 괜찮아."라고 위로한다.
한참 동안 글을 잊고 살았다. 읽고 쓰는 일도 귀찮고 재미가 없었다. 대부분 글이 일기에서 가져와 나를 고스란히 드러낸 듯하여 부끄럽다. 누군가에게 상처가 되는 건 아닐까, 하는 걱정도 된다.
힘들었던 시간, 써두었던 글까지 해킹을 당하면서 출간 계획을 포기했다. 숨죽이며 출간을 기다렸을 작품을 잃고 절망했지만, 생각하니 가장 소중한 걸 잃고도 이렇게 사는데 그까짓 게 대수냐며 네가 나를 위로했다.
그리움, 자책, 원망 등 마음의 응어리를 토해내지 않고는 도저히 견딜 수 없을 때, 일기에 마음을 남겼다. 일기는 나에게 숨 쉴 수 있는 탈출구가 되어주었다. 떠난 사람은 항상 눈물과 함께 찾아온다는 말이 맞다.

『내 인생의 가을』을 출간한 지 14년, 많은 시간이 흘렀다. 그냥 포기할까? 내가 말할 때 네가 고개를 저었다. 용기를 내어 그동안 흩어져 있는 글을 모았다.
나의 삶을 지탱할 수 있는 버팀목이 되어준 신앙과 문학에 감사하며 어느 것 하나에도 치열하지 못했음을 부끄럽게 고백한다.

얼마 전까지 아파트 입구에 환한 꽃등을 켜던 벚나무가 금세 푸른 잎으로 짙어졌다. 머지않아 예쁜 단풍이 들 것이고, 곧이어 내년을 기약하며 잎을 떨굴 것이다.
그러나 우리 삶은 내년을 기약할 수 없다. 그러기에 매 순간을 나를 사랑하며 소중히 여기고 후회 없이 살아야 할 것이다.
함께 아픔을 겪고, 나의 버팀목이 되어주던 남편은 또 다른 병고를 겪고 있다. 잘 이겨내고 있는 남편에게 감사하며, 아울러 투병 중인 오랜 벗 G의 쾌유를 기도한다.
부족한 글을 과분한 격려로 용기 주신 아동문학가 정혜진 회장님께 깊은 감사를 드린다. 부끄러운 글이지만 같은 슬픔을 지닌 누군가에게 작은 위안이 되었으면 한다.

■ 차례

여는 글_ 6
발문_ 249

### 제1부 _ 내 삶에 감사

16 • 특별한 보속
20 • 루치아 Lucia
23 • 위령성월, 다시 희망을
27 • 그분께 맡길 때
32 • 평정이란
35 • 받아들이기
39 • 삶의 당위성
42 • 생애주기별 나눔
44 • 엘리사벳 자매의 행복
47 • 순종하는 삶
50 • 성녀 리드비나

## 제2부 _ 네 마음 괜찮니

- 54 • 아이야, 마법의 불을 켜라
- 57 • 네 마음 괜찮니
- 59 • 알다가도 모를 나
- 62 • 울고 싶을 때 울어라
- 64 • 괜찮아, 다 괜찮아
- 66 • 진심이 느껴지는 위로
- 69 • 어버이날의 소회
- 72 • 인생에서 겪지 말아야 할 일
- 75 • 내가 이해가 안 될 때
- 78 • 세월호 그 아이
- 82 • 다 부럽더라
- 85 • 요양원을 다녀오다

## 제3부 _ 선물 같은 인연

- 92 • 나를 웃게 하는 아이
- 94 • 너는 나의 봄이다
- 97 • '라비크'라는 말
- 99 • 일상에서 만나다
- 102 • 멘토 같은 후배
- 105 • 명화 이야기
- 109 • 감사하며 기쁘게 살기
- 113 • 행복한 동행
- 118 • 힘이 되어준 세 사람
- 123 • 9시에 오는 전화
- 126 • 우연히 인연을 만나면

## 제4부 _ 그리움이 가슴에 쌓이네

- 132 • 루치아 어머님
- 135 • 마흔 생일에 쓴 편지
- 138 • 추억은 떠나지 않아
- 141 • 나에게서 엄마를
- 143 • 너무 보고 싶은 날
- 146 • 하늘나라 1,000일
- 148 • 하루가 행복한 날
- 150 • 우리는 특별한 인연인가 봐요
- 153 • 상현 스테파노 편지
- 155 • †그리스도 우리의 희망
- 157 • 짧은 글 긴 여운
- 161 • 멀리 있어 더 그립다

## 제5부 _ 곁에 있는 지금이 행복이다

- 166 • 곁에 있는 지금이 행복이다
- 168 • 봄은 봄이다
- 171 • 무료할 때가 행복이다
- 176 • 조카의 사십구재
- 181 • 또 하루가 간다
- 184 • 놓아버리기
- 187 • 마음을 움직이는 말
- 192 • 오지랖이 넓다
- 195 • 하늘바라기
- 198 • 나의 동반자
- 202 • 누군가 널 위해 기도하네

## 제6부 _ 닿을 수 없는 것의 그리움

206 • 꿈속에서 전해 온 말
209 • 그곳에도 눈이 오고 바람이 불까
211 • 겨울 한낮 춤에 빠지다
214 • 통영, 거제를 다녀오다
218 • 반짝반짝 빛나던 가족여행
225 • 비우는 여행
234 • 친정엄마
239 • 지금 나는 어디쯤
243 • 스텔라, 안녕히
246 • 아무것도 너를

제1부
⋮
# 내 삶에 감사

## 특별한 보속

"잘 지내고 있지? 여긴 비 오는데 거긴 어때?"
여기 비 오면 거기도 비 올까? 창을 열고 하늘을 본다.
교회의 모든 신자는 부활 대축일과 성탄 대축일을 앞두고 판공성사의 의무가 있다.
판공성사는 가톨릭교회의 일곱 성사 가운데 하나며 신자가 지은 죄를 뉘우치고 하느님의 대리자인 사제에게 고백하여 용서를 받는다. 이날은 교구의 신부님들이 오셔서 합동 성사를 주시기 때문에 신자들은 여느 때보다 준비를 많이 한다.
미사가 끝나고 판공성사에 들어가기 전 본당 신부님의 당부는 지난 부활절과 마찬가지다.

"판공성사는 상담이나 하소연하는 자리가 아닙니다. 나이 드신 분들은 자녀에게 서운한 점을, 하나하나 하소연하시는데 자신이 잘못한 죄만 간단하게 말하세요. 날씨도 추운데 밖에서 기다리는 형제자매님들 생각해서 죄를 고백하러 와서 죄짓는 일이 없기를 바랍니다."

신자들은 봉사자들의 안내에 따라 군데군데 한 줄로 서서 차례를 기다린다.

나는 본당 신부님의 당부를 생각하며 간단히 고백하리라 다짐했다. 마음은 머리만큼 이성적이지 못하다. 신부님 시선을 피한 체 무릎 위에 놓인 손에 시선을 고정하고 고백하는 목소리는 처음부터 떨렸다. 고백성사를 어떻게 시작했는지 모르겠다.

신부님께서 이것저것 물으시더니 자매님 고통이 얼마나 클지, 누구라도 그런 일 겪으면 견디기 힘들 거라고 위로하셨다. 신앙인이니 믿음으로 하느님께 모든 걸 맡기고 의탁하라는 그런 말씀이었다면 좀 더 이성적으로 고해성사를 할 수 있었을 것이다. 가끔 위로한다며 세월이 가면 나아질 거라느니, 천국에서 안식 누리고 있으니 슬퍼하면 안 된다는 등 교과서적인 말을 할 때면 기분이 씁쓸하다.

신부님께서 잠시 후 조용히 말씀하셨다.

"어머니께서 어떻게 사시길 따님이 바랄까요?"

자신 때문에 고통스럽고, 슬프게 지내는 걸 보면 딸도 힘들지 않겠느냐고 하셨다. 딸의 영혼이 하늘나라에서 평화로운 안식 누리고 있다는 믿음을 가지고 아침에 일어나면 손녀 얘기도 해주고, 어머님 소식도 전해주라고 하셨다. 그리고 무엇보다 기도 안에서 딸과 자주 만나라고 하셨다.

지금 우리 눈으로 볼 수 있는 것이 전부가 아니다. 더 영원한 것, 가치 있는 것에 마음을 둘 때 현실의 슬픔을 이겨내고 희망으로 살아갈 수 있다는 말씀도 하셨던 것 같다.

사물을 어떤 마음으로 보느냐에 따라 다르게 보인다는 것은 맞는 말이다.
가끔 느끼지만, 내 마음이 평온하면 딸아이 사진도 미소를 짓는 듯하고, 눈물을 보이면 딸의 얼굴도 슬퍼 보인다.
회개를 위한 보속으로 집에 가는 길에 하늘 한번 쳐다보고 깊게 숨 한번 내쉬라고 하셨다.
어떤 보속도 죄의 참회에 도움이 되지 않을 거라는 걸 신부님은 알고 계셨다. 생수까지 챙겨주시며 어렵겠지만 슬픔을 신앙의 힘으로 이겨 내라고 하셨다.
하늘나라 딸이 어머니 걱정하지 않게 잘 살아야 한다고 내 손을 꼭 잡으시며 용기를 주셨다.
밖에서 기다리고 있던 남편이 한마디 한다.
 "본당 신부님께서 하소연하지 말라고 그렇게 당부하셨는데 참, 말 안 듣네."
내가 성사를 보는 동안 옆줄은 꽤 많은 신자가 성사를 보고 나왔다는 것이다. 본당 신부님 말씀처럼 내 뒤에서 기다리는 형제자매들에게 미안했지만, 마음이 편안해진 걸 보면 그들도 나를 이해하지 않았을까?
교구의 어느 소속인지, 성함도 모르지만, 가끔 그분 말씀이 떠오른다. 누군가 말처럼 삶은 이겨내는 과정이고 살아간다는 것은 견뎌내는 것이다.
 "딸아, 엄마 잘살게. 다시 만날 때까지 하늘나라에서 편히 쉬렴."

60년 가까운 신앙생활, 특별한 보속에 마음이 따스했다.

◎ 내 영혼아, 주님을 찬미하여라. 그분의 온갖 은혜 하나도 잊지 마라.

* 보속(補贖) : 우리가 지은 죄 때문에 생긴 폐해에 대한 보상이다. 용서는 죄를 없애 주지만, 완전한 영적 건강을 회복하기 위해 적절한 방법으로 죄를 보상하거나 속죄해야 하며 이러한 갚음을 보속이라 부른다. (가톨릭교회 교리서)

# 루치아 Lucia

"빛", 또는 "광명"이라는 라틴 말의 루치아, 딸의 세례명이다.
혜성惠星 은혜로운 별, 내가 지어준 세상의 이름.
우연이다. 본명 루치아와 세상 이름 모두 빛이라니.
이름처럼 별이 되었을까?
어둠 밝히는 빛이 되었을까?
웃음소리 맑고 호탕하더니 슬픈 영혼들 위로하며 그곳에서도 분위기 몰이꾼이 되었을까?
삶과 죽음의 경계는 맞닿아 있지만 산 사람과 죽은 사람의 거리는 멀기만 하다.
보고 싶을 때 볼 수 있고 목소리 듣고 싶으면 들을 수 있고, 안고 싶으면 안을 수 있는 평범한 그 일을 이제 할 수 없다.
삶은 언제나 끝이 있음을, 이 세상에 영원한 것은 없으며 변화와 소멸만 있다.
딸이 떠난 후 가장 마음에 와닿던 말은 코헬렛의 "허무로다, 허무로다. 모든 것이 허무로다."라는 구절이다.
딸은 좋은 곳에서 안식 누리고 있으니, 이제는 내려놓으려 한다. 그러나 내려놓는 일, 비우는 일이 참 어렵다.
 "이제 아프지 않지?"
가끔 네 안부 묻는다.
 "엄마, 나 잘 있어. 미안하고 고마워요."
 "우리 딸 누리, 내 몫까지 사랑해 줘. 엄마~."
너도 네 딸 걱정뿐이구나.
 "아무 걱정하지 마, 딸아! 너 보듯 네 딸 보며 사랑하고 또 사랑할게."
 "엄마도 미안하고 고마워. 너를 건강하게 낳아주지 못해서, 너를 지켜주지 못해서 미안해. 그리고 내 딸로 태어나줘서 고마워."
아침 일어나면 제일 먼저 창 너머 하늘 보며 전하는 내 말을 듣고 있을까?
저녁 기도 후 베란다 문 열고 딸 영혼도 쉬고 있을 하늘로 편히 쉬라고 인사하는 내 목소리 듣고 있을까?
여기 바람 불면 그곳도 바람이 불까? 내가 밤하늘 보며 너를 찾듯, 너도 그곳에서 지구별 보며 엄마 생각할까?

어두운 밤하늘 저 멀리서
그윽이 반짝이는
이름 없는 별 하나가

혹시 네 별이 아닐까?
사무치는 그리움
가만히 네 이름 불러본다.

∅ *하느님의 은총 안에 숨겨진 영혼은 눈으로 보이지 않지만, 삶으로 보인다.*

## 위령성월, 다시 희망을

11월 2일은 위령의 날이다.

교회는 해마다. 11월 한 달을 위령성월로 정하여 기념하고 있다. 삶과 죽음에 대해서 묵상하는 위령성월은 세상을 떠난 영혼들을 기억하고 하느님의 자비를 청하며 기도하는 달이다. 또 우리 삶의 마지막은 죽음이 아닌 영원한 생명임을 고백한다.

교회가 이 시기에 특별히 영혼을 위하여 기도하는 것은 영원한 삶에 대한 믿음과 모든 성인의 통공通功이라는 교리에 바탕을 두고 있기 때문이다.

시작도 끝도 없으신 하느님 앞에서 시간은 무의미하며 삶과 죽음은 떼어 생각할 수 없다. 삶 속에 죽음이 있고 죽음 속에 또한 삶이 있기에 그러하다.

다시 위령성월을 시작하며 나의 것이라는 집착의 고통에서 벗어나게 해달라고 기도한다.

미사에 참례하여 딸아이와 양가 부모님을 위한 연미사를 봉헌하며, 하느님 대전에서 평화로운 안식에 들기를 청원한다.

오후에는 남편, 아들과 함께 추모관에 다녀왔다. 그곳에는 우리 아이처럼 젊은이들이 많이 있다. 그들 앞에서 안식을 위한 기도를 바친다. 나만이 겪는 아픔이 아님을 이곳에 올 때마다 느끼게 되며 자연스레 그들의 평온한 안식을 위해 기도하게 된다.

11월은 소멸의 계절이기도 하다. 자주 찾는 산책로에 우람한 은행나무가 몇 그루 있다. 산 아래 위치한 탓에 은행잎은 가을이 깊어짐에도 여전히 푸른 빛이다. 벤치에 앉아 아직은 물들지 않은 푸른 은행잎을 보며 머지않아 예쁜 가을빛으로 물들 노란 은행잎을 생각했다. 그런데 주위가 어둑해지더니 갑자기 바람이 세차게 불며, 금방이라도 비가 쏟아질 기세다. 돌아가야겠다고 일어서는데 세찬 바람에 푸른 은행잎이 우수수 떨어진다.

자연과 사람은 참 많이 닮았다. 당연히 나이 많은 사람이 먼저 떠나야 맞는 이치지만 그렇지 못한 경우가 많다. 한참 일할 젊은 사람이 질병이나 사고로 이승을 떠나기도 하고, 죄에 물들지도 않은 깨끗한 어린 영혼들도 이런저런 이유로 안타깝게 하늘의 부름을 받는다. 하느님은 참새 한 마리도 허투루 떨어지게 하지 않으신다고 하는데 이를 어떻게 받아들이고 이해해야 할까?

딸을 보내고 감히 하느님께 따져 물은 적이 있다. 당신은 살아있는 우리들의 하느님이신지, 아니면 죽은 이의 하느님이신지, 아직도 할 일이 많은 젊은이와 어린 영혼이 당신 구원 계획과 무슨 상관이 있느냐고.
자식을 위해서라면 부모는 기꺼이 생명조차 내놓을 수 있는데 대신 할 수 있는 게 아무것도 없다. 단 몇 초도 자식의 고통을 대신해 줄 수 없다는 사실에 깊은 절망을 느꼈다.
그러나 이제는 마음속의 어둠을 비워내기로 했다. 모든 것을 내려놓고 비우면 더 큰 은총의 말씀으로 채워질 것 같아서다.

위령성월은 세상을 떠난 이들의 영혼 안식을 위해 기도하지만 언젠가 맞게 될 나의 죽음에 대해서도 깊이 묵상해야겠다. 누구에게나 죽음은 예고 없이 찾아오기 때문이다.
또한, 위령성월은 집중적으로 기도하며 연옥 영혼을 위하여 양도할 수 있는 '전대사'란 특별한 은총의 시기라고 한다. 전대사는 관대한 용서, 너그러운 은혜를 의미하며 모든 죄에서 풀리는 하느님 은총의 선물이다.
죽은 이들이 하느님 안에서 부활의 기쁨을 누리도록 도와주고 자기 죽음을 위해서도 묵상하는 위령성월은 우리 교회만이 갖는 특별한 은총이라 할 수 있다.
인간이라면 누구나 죽음 자체를 회피하고 싶지만, 죽음은 결코 피해 갈 수 없다. 그러나 죽음이 끝이 아닌 새로운 삶으로 옮겨간다고 생각하면 잘 사는 것이 바로 죽음을 잘 준비하는 것이 아니겠는가?
위령성월을 통해 우리 삶의 마지막이 죽음이 아닌 영원한 생명의 문으로 들어간다는 희망은 큰 은혜이며 축복이다. 하느님의 세계에서 영원한 이별은 없기 때문이다.

*∅ 주님, 제 기도 당신 앞에 이르게 하소서. 제 울부짖음에 귀를 기울이소서!*

## 그분께 맡길 때

손녀는 나를 '걱정 대장 할머니'라 부른다. 어린 손녀 눈이 나를 정확하게 꿰뚫어 본 것 같다. 그 무렵은 하루하루가 걱정이었다. 딸이 아프고부터, 내가 할 수 있는 일은 유치원 다니는 손녀를 챙기고 음식을 준비하며 그날 딸의 상태에 집중한 채 걱정을 끌어안고 살았다. 대부분의 걱정은 시간이 해결해 준다는 말이 있다. 사실 얼마 지나지 않아 걱정하던 일들이 그다지 중요하지 않은 걱정거리였다는 것을 깨닫기도 한다.

그래서 걱정의 90%는 시간이 해결하고, 나머지는 우리가 바꿀 수 있는 것이 아니라고 한다.

남편에게도 자주 걱정을 사서 한다는 말을 듣는 걸 보면 걱정이 많은 사람이긴 하다. 걱정도 습관 중 하나라는데 카네기의 『자기 관리론』을 읽으며 의외로 걱정하는 습관을 지닌 사람이 많다는 걸 알았다. 그들은 걱정하는 습관을 버리고 나서 삶의 많은 부분이 달라졌다고 했다.

걱정이 많은 사람들의 특징은 어떤 문제에 부딪혔을 때, 일단 걱정부터 하는 나쁜 습관을 갖고 있다고 한다. 걱정하는 습관을 버리려면 먼저 문제를 보는 시각을 바꿔야 한다고 했다. 그 일이 과연 걱정해서 해결되고 조금이라도 가벼워지는가? 아니면 걱정함으로써 건강까지 해치는 건 아닌지 한 번쯤 생각해 보라는 것이다.

걱정할 일이 생기면 걱정하는 내용을 종이에 써 두고 2주일쯤 지난 후 꺼내어 보라는 조언도 한다. 여전히 걱정 상태면 다시 덮어 두고 인내심을 가지고 기다리다 보면 대부분의 걱정거리는 어느 순간 사라지기도 한다는 것이다.
걱정거리를 적어두고 2주일 후에 꺼내 보니 신기하게 몇 가지는 의미 없는 일이 되어 있었다. 또 일주일, 다시 일주일…. 한 달 정도 지나니 두 가지만 남았다. 두 가지는 걱정해서 해결될 일이 아닌, 내 의지와 상관없는 일이라는 걸 깨닫게 되고 마음을 비우는 것 외엔 방법이 없다는 걸 알았다. 사실 그동안 일어나지도 않을 일로 걱정하며 마음 졸이고 안달하는 경우가 많았다.
'걱정해서 걱정이 없어진다면 몇 날 며칠이라도 날 새워서 하겠네.'라는 말처럼 불필요한 걱정에 매달리는 일이 없어야겠다.
오랜 시간 계속되어 온 걱정이 여전히 연장선상에 남아있기도 하는데 마음을 비우지 못하고 집착에서 벗어나지 못한 탓이다. 사실 사고나 질병으로 인한 가족과의 이별은 받아들이고 내려놓은 일이 쉽지 않다.

누군가는 평생 겪지 않고 지나갈 고통이 연이어, 또 다른 모습으로 영혼까지 갉아먹을 때, 인생은 공평하지 않음을 알면서도 하느님을 원망하고 투정을 부린다. 당신은 감당할 만큼의 고통을 준다고 하지 않으셨느냐고.

이렇듯 마음이 부정적이다 보면, "기도할게."라는 말조차 빈말처럼 들리고, 시간이 가면 괜찮아질 거라는 위로도 공허하기만 하다. 상처를 입은 사람만이 다른 사람의 상처를 볼 수 있고, 그 슬픔과 고통을 공감할 수 있다는 걸 알면서도 마음은 바늘구멍처럼 좁아지고 옹졸해진다.

근심과 슬픔으로 기도조차 무의미하게 느껴질 때, 주님께서는 누구보다 슬퍼하시며 그 고통을 함께하시고 우리가 다시 일어설 수 있도록 힘과 용기를 주신다는 말조차 받아들이지 못한다.

고통스럽고 힘든 걱정거리가 생겼을 때, 좀 더 이성적이고 객관적인 눈으로 바라보고 삶의 중심에서 얼마쯤 비켜서는 것이 나를 보호하며 지키는 방법이며 성숙한 신앙인의 자세임을 생각한다.

본당 신부님께서는 한 달에 한 번 병자를 위해 미사를 올린다. 미사가 끝나고 환우들은 신부님 집무실에 모여 그동안의 투병 경험을 나누며 서로를 위로하고 격려하며 힘을 얻는다.

내 십자가가 가장 버겁고 힘들다고 생각했는데 더 무거운 십자가를 짊어지고 있으면서도 감사하며 꿋꿋하게 이겨내는 형제, 자매들을 보면서 마음을 추스른다. 특히 투병의 고통조차도 감사로 받아들이며 밝게 웃으시는 L 자매님을 보며 내가 더없이 작아 보인다.
췌장암 말기인 형제님은 항암으로 자신뿐 아니라, 온 가족이 힘들다며 더는 항암 치료를 않겠다고 자식들에게 공포했다고 했다. 이제 삶에 연연하지 않고 모든 걸 주님께 맡기고, 남은 시간을 자유롭게 보내다 부르시는 날 가벼이 떠날 것이라 했다. 항암의 힘듦과 부작용을 알기에 그의 말에 공감하며 분위기는 숙연해진다.

"모든 근심을 그분께 맡기시오."(1 베드로서)

신부님께서는 예수 그리스도를 믿으면서 늘 근심 걱정으로 산란하게 살아가는 것은 참 그리스도인의 모습이 아니라고 하시며, 마음에 평안함이 없으면 그 어떤 것도 평화를 줄 수 없다고 하셨다.

C 자매님은 가족 중 자신이 암의 표적이 된 것이 다행스럽고 고맙다고 말하며 감사했다. 그 자리에서 그녀를 만나지 않았다면 항암을 받고 있다는 사실도 몰랐을 것이다. 그녀는 언제나 단정하고 예쁜 옷차림에 상냥하고 경쾌한 목소리로 인사말을 건네곤 했다. 온갖 근심 걱정을 혼자 짊어진 듯한 내 모습과 너무 달랐다.

모든 걸 주님께 맡기고 순종하는 자세가 마치 성인, 성녀의 모습을 닮았다. 불행한 일을 겪었을 때 분노하고 화를 내는 대신 더 큰 불행이 아님을 감사하라는 우리 신부님도 2년째 암 투병 중이시다.

누구에게나 자기 분량의 고통이 있다는 말을 잠시 묵상했다.

류혜욱 신부의 병자를 위한 기도 중 한 부분이다.

- 건강뿐만 아니라 병고도 축복으로 받아들이렵니다.
그것들이 삶과 사랑의 소중함을 가르치기 때문입니다.
이 병자의 병고와 저희의 염려가 사랑과 믿음과
지혜안에서 저희를 성장하게 해주십시오.-
 - 중략 -

환우들 모두에게 주님의 치유와 회복의 은총을 청하며, 부활하신 주님께서 주신 참 기쁨과 평화를 누릴 수 있게 신앙의 깊이를 더해 주시라고 감히 청해본다.
이제 작은 것에도 감사하고 하느님의 자녀답게 기쁘게 살아야겠다. 그분께 온전히 맡길 때 비로소 고요한 가운데 평화를 누릴 수 있을 것이다.

∅ 눈물을 줄이고 기도에 힘쓰시오. 당신을 떠난 영혼을 위해 기도해 주는 것이 더 필요합니다.

## 평정이란

그 무엇에도 흔들리지 않은, 사물을 있는 그대로 본다는 뜻이다. 자신의 삶을 객관적으로 볼 수 있고, 하느님에게 자신을 오롯이 맡기는 것.

평정해지려면 자신에게 거는 기대나 집착에서 벗어날 수 있는 노력이 필요하다.

지금 내게 요구되는 '비우고 놓아버리는' 일이다. 현실을 바꿀 수 없으니 나를 옭아매는 모든 기대를 놓아버리고 의연해질 때 평정을 유지할 수 있고 비로소 자유로워질 수 있다고 한다.

지금의 걱정이나 고통도 나를 중심에 둘 때 생긴다. 나로부터 과감히 탈출해야 삶과 죽음에 대해서 연연하지 않는다. 그래서 교회는 평정을 하나의 덕으로 보았다.

벌써 세 번, 영혼이 이탈한 느낌이다.

처음은 목욕탕에서다. 온탕에서 내 또래 여자와 함께 몸을 담그고 있는데 그녀가 온수를 틀어달라고 부탁했다. 온수 밸브 가까이에 내가 있어서다.
나는 온수와 냉수 밸브 분간을 못 하고 한참을 버벅댔다.
 "참, 한국 사람이 한국말도 못 알아들으시네."
한심하다는 투로 주변이 들릴 만큼 큰 소리로 말했다. 사람들의 웃음소리에 얼굴이 화끈거리고 심장이 멎는 것 같았다. 그날 이후 그녀와 마주치면 피하게 된다. 뒤끝이 있는 성격인지, 아니면 그때 상처가 너무 컸는지 모르겠다.
두 번째도 그 무렵이다.
친구가 보낸 카톡을 읽었다. 친구를 잘 알고 있는 남편에게 "양임이 인도여행 갔는데 음주 운전 뺑소니에 교통사고를 당했다."는 얘기를 했다. 남편이 카톡을 다시 읽었.
친구가 인도人道로 가고 있는데 음주 운전 차가 돌진하여 사고로 입원했다는 내용을 내 멋대로 해석한 것이다.
그럴 수도 있는 거라며 남편이 대수롭지 않게 말했지만, 자신이 한심했다.
세 번째는 지인 병문안 때였다. 내가 사 간 자두를 내놓았는데 너무 맛있었다. 마트에 가니 마침 그만큼 한 크기의 먹음직스러운 자두가 눈에 들어왔다. 집에 오자마자 얼른 먹고 싶어서 봉지를 가위로 싹둑 자르고 한입 베어 물었다. 맛이 이상하다. 그때 서야 봉지를 살폈다. 세상에, 천도복숭아라니. 봉지에도 분명 천도 봉숭아라고 쓰여 있고 영수증도 그랬다. 자두라고 멋대로 생각한 내 의식이 문제였다.
내 실수에 대해 남편은 여전히 관대하다. 지금 당연히 그럴 수 있다고. 그런데도 내가 나를 용서하지 못하는 것이다. 언제쯤이면 괜찮아질까?
사실을 그대로 받아들이고 평정하기까지 시간이 얼마나 더 필요할까?

*0 제 의로움을 지켜주시는 하느님, 제가 부르짖을 때 응답해 주소서.*

## 받아들이기

인간의 한계를 알고 고통에 머무르지 말며, '받아들이고', '놓아버리기'를 할 수 있어야 한다던가? 받아들일 수 있을 때 비로소 놓아버리는 일이 가능하기 때문이다. 마음을 비우지 못하는 것은 집착이다. 인생에 영원한 것은 없다는 걸, 딸을 잃고서야 알았다. 누구나 겪어 보지 않으면 이해할 수 없는 것은 당연하다.

'왜 나에게 이런 엄청난 형벌을 주시는가?' 하루에도 몇 번씩 주님께 따지고 원망했다. 사회의 손가락질을 받는 사이비 교주라도 "네 아이를 살려주면 나를 따르겠느냐?" 물으면 나는 곧바로 "예"라고 대답할 것이다. 악마가 네 영혼이라도 바칠 수 있느냐고 물어도 기꺼이 그러겠다고 대답했을 것이다.

누구든지 제 아내나 부모를 나, 하느님 보다 우선시하거나 사랑하면 안 된다고 하지만 나는 내 아이가 하느님보다 몇 배, 아니 그 이상 더 소중하다고 감히 말할 것이다. 그분의 노여움으로 지옥의 나락에 떨어진다 해도 그러했을 것이다. 그러면서 왜 하느님을 믿는가? 수없이 자신에게 묻고 또 물었다.

영원한 것은 아무것도 없으며 변화와 소멸만이 있으니 떠난 사람에게 집착하지 말고, 그가 잘 떠날 수 있도록 놓아주어야 그와 새로운 관계를 맺을 수 있다고 말한다. 자신은 물론 죽은 이까지 하느님께 온전히 맡길 때 마음의 평화를 얻을 수 있다고 신앙은 가르친다.
바꿀 수 없는 상황이라면 겸허히 수용하는 것이 맞는 일이며, 바꿀 수 있는 것에 대해서는 바꿀 수 있는 용기를 가져야 하며 이 두 가지를 구분할 수 있는 지혜를 주시라는 '평온의 기도'는 오랫동안 내 일기 첫 장에 기록했던 구절이다. 딸이 우리 곁을 떠나기 전에는 그렇게 생각했다.
죽음에 의한 이별은 어떤 경우든 힘들 것이다. 그중에도 자식을 먼저 보낸 고통과 슬픔은 무엇에 비할 수 있으랴! 타고 난 제 목숨의 길이가 다르니 어찌하겠는가? 하고 쉽게 말하면 화가 난다. 신앙은 그 어떤 고통이나 슬픔 중에도 감사하라고 말한다. 하느님을 믿는 사람이라면 당연히 그래야 한다고 조언하는 신앙심 깊은 친구에게 묻고 싶다. "네 일이라면 그렇게 쉽게 받아들일 수 있는가?" 물론 깊은 신앙심을 지닌 사람들은 오롯이 하느님께 내어 맡기는 것이 가능하며 십자가를 은총으로 받아들인다는 것쯤은 알고 있다.

딸이 떠난 후 책꽂이 한 귀퉁이에 끼어있는 감사 노트가 눈에 띄었다.
 "엄마, 생각하니 우리에게도 감사할 일이 참 많은 거 같아."

서울 병원에 다녀오는 길에 샀다며 감사 노트 한 권을 내밀던 기억이 떠올랐다. 이미 몇 군데 전이 되어 수술을 반복했고 항암제를 바꿔가며 힘들게 투병하고 있을 때였다.

'감사할 일? 이 상황에서 무얼 감사하지?' 마음속으로 반문하고 아무 곳에나 두었다. 그런데 다시 감사 노트를 보니 마음이 불편했다. 여전히 원망과 자책에서 헤어나지 못한 내가 보였다.

암이라는 검사 결과가 나왔을 때도 슬픔과 절망에 빠진 나에게 자신이 가진 좋은 것을 하나하나 말하며, 자기만 좋은 걸 다 가지면 하느님이 불공평한 게 아니냐며 나를 위로했다. 자기는 젊으니까 치료 잘 받고 이겨낼 거라고, 더구나 두 분 어머니가 계시니 육아와 살림도 다 잊고 투병에 전념할 수 있어 얼마나 다행이냐고 했다. 타고난 긍정의 활력이 넘치는 아이였다.

다른 사람도 나처럼 받는 것에 대해 당연히 여기고 감사를 잊고 살까? 정말 나에게 감사할 게 없었을까? 상실의 아픔 때문에 감사조차 잊고 사는 내가 보이기 시작했다.

인생을 살면서 누구나 행복하고 좋은 일만 경험하는 것은 아니다. 타인에게 그렇게 보일 수 있지만, 속속히 들여다보면 그렇지만은 않다.

본당 신부님께서 강론 중 한 말씀이 내 심장에 콕 박혔다.

"어떤 십자가를 주더라도 주님께 따지거나 대들지 말고, 순종하십시오. 좋은 것을 거저 받았으니, 고통의 십자가를 주시더라도 순종하며 받아들여야 합니다."

신부님도 힘든 투병 중이신데도 본당 신자들의 신앙이 코로나로 해 이해지고 위축되지나 않을까 염려가 많으셨다. 치료가 없는 주말에는 미사 한 대라도 올리려고 힘든 몸으로 서울에서 광주까지 오셔서 성체를 영하시는 모습은 거룩하기까지 하다. 십자가의 고통을 기쁘게 받아들이는 한 사제의 모습에 나는 다시 하느님께 무릎을 꿇는다.
나이가 들고 보니 지인들이 보내는 카톡도 노년을 현명하고 행복하게 보내는 방법에 관한 얘기가 대부분이다. 현재 내가 받은 축복을 생각하고 나에게 없는 것에 불평하지 말고, 가진 것에 만족하며 감사하라고 한다. 소유에 대한 집착은 몸도 마음도 피폐하게 하여 현재의 행복이나 기쁨조차 놓치게 한다는 것이다.
세상은 공평하지 않으며 영원한 것은 없다는 사실을 겸허히 받아들이자. 우리 아이보다 더 아프고 힘들게 투병하다 떠난 젊은 부모들, 건강한 아이를 예기치 않은 사고로 떠나보낸 부모들의 하늘이 무너지는 슬픔을 생각하자. 어찌 우리만 겪는 아픔이고 고통이라 하겠는가? 푸른 잎도 떨어지고 이제 갓 피어나기 시작한 꽃잎도 떨어지는가 하면, 채 아물지 못한 열매도 비바람에 속절없이 떨어지지 않던가? 자연도 그러한데 우리 인간이라고 무엇이 다르랴!
받아들이고 놓아주자. 여기저기 무너지기 시작한 내 몸도 그동안 살뜰히 챙기지 못한 내 탓이고, 나이 탓이려니 생각하며 건강에도 집착하지 말자. 구름이 오롯이 바람에 내맡기듯 그분께 온전히 내어 맡기자.

*∅ 눈은 보아도 만족하지 못하고, 귀는 들어도 가득하지 못한다.*

# 삶의 당위성

그분의 글을 읽을 때면 인간의 소중한 가치에 대해 생각하게 된다. 그는 '이란격석理亂骼石' 계란으로 바위 치기처럼 가능성이 없는 일을 온갖 험한 꼴을 당하면서 포기하지 않고 매달리는 사람들의 생각과 행동을 '당위성'이라고 했다.

그들이 그렇게 하는 것은 인간의 삶에 없어서는 안 될 소중한 가치로 보기 때문이다. 일의 성공 여부를 떠나 인간이 마땅히 해야 하는 일이라 생각하기에 이를 당위성이라고 하는 것이다. 침몰한 배 안에서 생명의 위험을 무릅쓰고 실종자를 찾기 위해 매달리는 사람들, 많은 시일이 지나 생존 가능성이 전혀 없음에도 포기하지 못하는 것은 살아있는 우리가 마땅히 해야 할 일이라는 것이다. 그래서 생명이 위협받고 목숨까지 잃을 수도 있다는 걸 알면서도 멈추지 못한다.

4대강 개발을 막기 위해 정부의 큰 힘에 맞서 얼마나 많은 사람이 작은 힘으로 투쟁했는가? 제주 강정마을 해군 기지며 사드 배치는 결코 안 된다고 맞섰다. 그러나 아무리 건설적이고 좋은 의견이라도 국가의 거대한 힘 앞에서는 속절없이 무너짐을 볼 때 그 허탈함은 이루 말할 수 없다. 어떤 이들은 소용없는 일에 무모하게 힘을 소모한다거나, 시간을 낭비한다고 말하기도 한다. 그러나 모두가 그런 생각으로 경제성도 없는 곳에 힘과 시간을 낭비한다고 침묵하거나, '누군가 하겠지?' 하고 바라만 본다면 세상은 어떻게 될까?

때로는 소수의 힘이 거대한 권력이나 부조리를 바꾸는 계기가 되기도 한다.

사막이 아름다운 건 어딘가에 샘을 숨기고 있기 때문이라고 어린 왕자를 통해 생텍쥐페리가 말했듯이 누군가는 마땅히 해야 할 그 일을 묵묵히 하고 있기에 우리 사회는 이만큼이라도 정의가 살아있는 게 아닐까?

세월이 가고 역사의 뒤안길에서 그때 4대강 건설을 끝까지 막지 못했음을 가슴 치며 후회해도 이미 되돌릴 수 없고, 강정마을 해군 기지도 어쩔 수 없는 이란격석이 되었지만, 우리는 정의를 위해 거대한 공권력에 끝까지 맞섰던 당위성을 높이 평가하고 기억해야 하지 않을까?

기후 문제만 해도 그렇다. 올여름 유난한 불볕더위, 긴 장마에 이은 산사태 등은 이미 오래전 기후 및 환경을 걱정했던 사람들이 수없이 경고했던 일이다.

내가 살아온, 앞으로 우리 후손들이 살아갈 이 지구와 환경에 대해 더 고민해 보고 여·야를 막론하고 국가의 지도자들은 물론 모든 국민이 주인이라는 생각으로 환경보존을 위해 마음을 모으는 성숙한 삶을 살아야 한다. 많이 늦었지만, 탄소 중립 문제 심각성에 관해 관심을 두기 시작한 것은 참으로 다행스러운 일이다.

∅ *주님께 희망을 두는 모든 이들아, 힘을 내어 마음을 굳게 가져라.*

## 생애주기별 나눔

오후쯤 올 거라는 비가 아침부터 줄기차게 내린다. 이런 날은 마음이 더 심란하다. 루치아 3주기도 20일 정도밖에 남지 않았다. 옷을 주섬주섬 챙겨 입고 가톨릭 사회복지회에 연락했다. 담당자가 이번에는 신부님을 꼭 만나고 가라며 친절히 안내한다. 지난해에도 자식 앞세운 어미라 슬그머니 다녀왔다.

생애주기별 나눔에 참여하게 된 것은 남편이 수년째 가톨릭 복지회에 후원하고 있고, 먼저 떠난 딸을 위해 부모가 할 수 있는 일이 이런 일 외엔 달리 없기 때문이다.

며칠 후 가톨릭 사회복지회에서 나눔천사 감사장을 보내왔다.

따뜻한 나눔 상

故 조혜성 루치아

故 조혜성 루치아 님의 3주기를 맞이하여
질병으로 아파하는 난치병 환우와
생활에 어려움을 겪는 미혼 모자를 생각하며 기부해 주신

故 조혜성 루치아 님 가족분들의 따뜻한 마음에
진심으로 감사드립니다.
이 의미 있는 나눔은 우리 주변에 소외된 이웃에게
큰 희망의 선물로 전달됩니다.
앞으로도 아름다운 나눔이 이어지길 바라며
故 조혜성 루치아 님 가족 모두 하느님의 은총 안에서
영육 간에 건강하시길 기도하겠습니다. 평화를 빕니다.

이름 앞에 붙은 고故라는 글자에 한참 동안 눈을 떼지 못했다.
딸은 건강을 되찾으면 의미 있는 일에 남은 시간을 보내겠다고 했다. 방학 때면 대모님과 함께 캄보디아 봉사도 다니고, 나자렛 예수회 아이들 영어공부 봉사도 하고 싶다고 했다.
다시 학교에 돌아가지 못한다 해도 친구들과 가끔 카페에서 수다도 떨고 어려운 사람들을 위해 봉사하며 사는 삶도 의미 있을 거라고 말했을 때 하느님께서 특별한 곳에 쓰게 하시려고 이런 시련을 주시는구나 생각했다.
딸이 하고자 했던 그 일을 대신할 수는 없지만 어려운 이들을 위해 작은 도움이 되고 싶다. 딸 이름으로 이런 작은 선행이라도 할 수 있다는 것도 생각하면 또한 은총이다. 하늘에서 딸도 좋아할 거 같아 돌아오는 발걸음이 조금은 가벼웠다.

∅ *하느님을 믿는 우리의 삶은, 죽음으로 끝나는 게 아니라 영원으로 이어진다.*

## 엘리사벳 자매의 행복

오늘은 성 요한 마리아 비안네 사제 기념일이다. 비안네 신부님은 프랑스의 시골 마을 아르스의 사제로 겸손하고 충실한 목자로 존경받았다. 그는 온종일 신자들의 영성 생활의 쇄신만을 위해 노력했으며, 매일 봉헌하는 미사는 마치 생애 마지막 미사처럼 정성을 다했다고 한다. 그의 고행과 성덕이 얼마나 대단했으면 피 흘림의 순교도 없이 성인품에 올랐을까? 신부님은 신자들을 위해 미사와 고해성사를 베푸는 것을 가장 큰 행복으로 생각하셨다.

요한 바오로 2세 교황님이 마지막 가시는 길에 우리에게 남긴 '나는 행복합니다. 그대들도 행복하시오.'라는 말씀도 되새겨 본다.
성인이 아닌 그지없이 평범한, 아니 생각하기에 따라 더없이 불우한 자매의 '나는 행복합니다.'라는 말이 나를 부끄럽게 한다.
꽃동네 김승주 베드로 신부님이 집전한 평화방송 미사였다. 코로나19로 가끔 평화방송이나 유튜브로 미사를 보는데 복음 강론 중 꽃동

네에서 만났던 엘리사벳 자매님 이야기를 들려주셨다. 열아홉 꽃다운 나이에 급성 뇌수막염으로 온몸이 마비되고 시력까지 완전히 잃었지만 생각하고 듣고 말할 수 있는 세 가지 은혜에 감사하며 건강한 사람보다 더 영적인 삶을 살다 떠난 엘리사벳 자매, 그녀는 헬렌 켈러를 연상시켰다.

내가 가진 많은 것을 생각했다. 넘치도록 많은 감사 거리가 있음에도, 딸아이를 떠나보낸 슬픔 때문에 원망과 자책으로 보내고 있는 나를 하느님은 어떻게 바라보실까?

그녀는 두려움과 고통 속에서도 주어진 상황에 감사할 줄 알았으니, 건강한 나보다 하느님께 눈을 뜨신 분이다.

신부님께서 '나는 행복합니다'라는 엘리사벳 자매의 시를 읽어 주셨는데 가슴이 먹먹했다. 제대로 기억하지 못하지만 이런 내용이었던 거 같다.

> 아무것도 가진 것 없고
> 아무것도 아는 것 없고
> 건강조차 없는 몸이지만
> 세상에서 죄악 피해 갈 수 있도록
> 이 몸 묶어주시니 나는 행복합니다.

딸을 보낸 그날 이후, 행복은 나와 상관없는 일이 되었다. 셀 수없이 많은 감사 거리가 있음에도 하루하루가 지옥이던 나를 부끄럽게 한 시간이다.
기쁨과 회한, 즐거움과 슬픔, 이 모두 지나가는 한 줄기 바람이다.

∅ 고통을 겪을 때, 그 고통이 자신을 소진하거나 제 삶을 지배하지 않도록 도우소서.

## 순종하는 삶

미사 집전하시는 신부님께서 땀을 흘리시며 몹시 힘들어하신다. 워낙 열정적으로 사목하시는 분이라 우리 신자들에게 한 마디라도 더 복음의 말씀을 전해주려 애쓰시는 모습에 뭉클해진다.

며칠 후, 주보 한 편에 본당 신자들에게 신부님의 편지가 올라와 있었다. 갑작스러운 입원과 병원 치료로 본당 신자들에게 심려 끼쳐 죄송하다는 것과 8월 4일까지 손님 신부님들께서 미사를 집전하신다는 내용이다.

가슴이 쿵 내려앉는다.

고백하건데 그 순간 또 하느님이 원망스럽다. 그동안 나는 수도 없이 하느님의 무응답에 원망을 쏟았고, 전능하심을 부정하고 싶을 때가 많았다. 내 아이 때도 그러했지만 죄 없는 어린아이나 착하고 열심히 살아온 사람들의 허무한 죽음 앞에서 하느님의 침묵이 이해되지 않았다.

하느님은 언제나 우리와 함께 계신다지 않았던가? 우리를 사랑하시어 당신 목숨까지 내어주신 분이 아니신가? 도대체 언제까지 침묵만 하실 것인가?

미사 때 신부님이 하신 말씀은 마치 나와 같은 나약한 신자들이 있음을 아시고 하는 말 같았다. "하느님께서 우리에게 좋은 것을 주시지만 설령 나쁜 걸 주시더라도 따지거나 원망하지 마시고 순종하는 삶을 사십시오. 모든 고통에는 그만한 뜻이 있을 테니 하느님께 맡기고 평화 안에서 기쁘게 살아가기 바랍니다."

하느님은 당신의 외아들 예수조차도 수난과 십자가의 고통을 거두지 않으셨으니 우리도 모든 고통을 겸허히 받아들이는 성숙함을 지녀야 한다는 것이다. 고통 없이는 부활도 없다고 하지 않던가? 참 어렵다. 하느님의 자녀로 산다는 거, 그리스도인이라는 것이….

지난 2월 신부님과 개별 면담하던 일이 떠올랐다. 늦은 시간까지 신자 한 사람 한 사람의 이야기에 귀를 기울이시고 따스하게 위로하시며 은혜로운 말씀을 해주시던 모습, 면담 후 나오는 신자들의 얼굴은 감사로 충만해 있었다. 물론 나 또한 그동안 누구에게 하지 못했던, 심지어 상담 선생님에게도 드러내고 싶지 않던 나의 마음을 스스럼 없이 말할 수 있을 만큼 편안함을 느꼈다.

신부님은 우리 신자들이 기쁜 마음으로 교회를 올 수 있도록 강론을 위해 많은 준비를 하셨다. 때로는 제대 밑에 피에로 모자나 성화 속의 예수님 긴 머리 닮은 가발도 감추어 두셨다가 신자들이 웃음을 빵 터지게 하셨다. 강론 들어가기 전에는 재밌는 유머로 우리 신자들이 웃음을 자아내기도 했다.
신자들이 매일 미사에 자주 참례하게 하시려 미사가 끝나면, 성당 입구에 앉으셔서 도장을 찍어 주셨고, 그에 따른 선물까지 준비하셨다. 예수님을 닮으신 참으로 열정적이고 특별한 신부님이셨다.

∅ *네 근심을 그분께 맡겨라. 그분께서 너를 붙들어 주시리라,*

## 성녀 리드비나

성녀에 대해 알고 있는 것은, 그녀가 사고로 늑골을 다쳐 오랫동안 침대에 누운 채 일어나지 못하고 생을 마쳤다는 것과 온몸이 종기로 농이 짓물러 있음에도 그녀에게서 향기가 났다는 정도이다.

중2 때 선배 언니에게 이끌려 성당을 나가게 되었고 세례를 받았는데 본당 수녀님께서 '리드비나'라는 세례명을 주셨다. 부르기도 어렵고 이왕이면 좀 더 그럴듯한 예쁜 세례명을 주시지 하는 아쉬움이 있었다.

생활 성서 「심리학자가 만난 교회의 별들」에 고통받는 이들의 수호성인 리드비나 성녀에 대해 신경정신과 전문의 이나미 교수의 글을 읽었다. 가끔 그분의 글을 읽었지만, 교수님의 세례명도 리드비나 라는 것을 알게 되었을 때 그 사실만으로 고무되었다. 그분은 세례를 받기 전 성인전에서 리드비나 성인의 삶을 접하면서 충격과 함께 신비로운 생각이 들었고, 혼자 있는 걸 좋아하는 자신의 성격과 닮아 세례명을 갖게 되었다고 한다. 혼자 있는 걸 좋아한다는 한 가지는 나와 비슷했다.

리드비나 성녀는 네델란드에서 가난한 귀족과 평민 사이에서 태어났으며 유달리 신앙심이 깊어 일찍이 동정서원을 했다. 그런데 열다섯 살 때 스케이트를 타다가 늑골을 다쳐 평생 자리에서 일어나지 못했다. 왼팔과 머리만 움직일 수 있는 상태로 30년을 앓다 세상을 떠났으니 그 고통이 어떠했을까? 하느님은 신심 깊은 그녀에게 왜 그런 고통을 허락하셨을까? 인간은 왜 고통을 겪어야 하는가? 십자가의 고통 없이는 부활도 없다는 논리, 하느님의 뜻을 이해할 수 없을 때가 종종 있다. 다행히 프란치스코 수사인 존 브루그먼이 그녀의 삶을 기록으로 남겼다. 19년간은 성체와 성혈만 모시고 살았으며 상처에 고름과 피가 엉겨 짓물렀지만, 악취가 아닌 향기로운 냄새가 방을 가득 채웠다고 한다. 그녀는 자주 탈혼을 체험하고 수난의 예수님을 직접 보았다고도 한다. 그녀를 통해 많은 사람이 영혼을 구원받았는데 죽은 후에는 시신의 상처가 말끔히 사라지고 아름답게 빛났다는 전설적인 성녀다. 내가 그런 상황에 부닥쳤다면 어떠했을까? 성녀는 그 상황에서도 원망은 커녕 하느님께 자신의 삶을 온전히 맡기고 찾아오는 이들에게 오히려 기쁨과 희망을 주었다. 성녀 리드비나는 인간적인 눈으로 볼 때 참으로 비참하고 고통스러운 생애라 하겠지만 오히려 고통을 통해 거룩하게 성화 되고 수많은 사람을 회개하게 하여 구원으로 이끌었으니 하늘나라에서 하느님의 특별한 사랑을 받으실 것이다.

극심한 고통 중에도 기도와 묵상에 전념하며 자신의 고통을 하느님께 오롯이 봉헌한 성녀 리드비나. 질병으로 고통받는 이들의 수호성인, 감히 그분의 이름을 세례명으로 갖게 되었으니 영광이면서도 부끄럽다.

*◊ 암사슴이 시냇물을 그리워하듯, 제 영혼이 당신을 이토록 그리워합니다.*

제2부
:
# 네 마음 괜찮니

## 아이야, 마법의 불을 켜라

헝가리 유람선 침몰…. 그 엄청난 사고 가까이 우리가 있었다. 조금만 늦었더라도 우리가 그 시각 배를 탔을 것이다.
아찔했다. 살아서 다행이라고, 새벽마다 기도한 덕분이라고 축배를 들어야 할까? 여행 내내 마음이 무겁더라. 삶과 죽음은 이렇듯 가깝다는 걸 또 한 번 느꼈다.
동전의 양면처럼 너무 쉽게 바뀌는 생과 사의 운명이 아닌가? 살아서 감사하다는 그 말을 미안해서 차마 할 수 없었다.
나와 남편은 제일 먼저 외손녀를 떠올렸다. 그 어린 나이에 어미 잃고 가뜩이나 마음 둘 곳 없는데 우리가 떠나면…. 그 아이의 버팀목이 되어주겠다고 딸에게 약속까지 했는데, 우리까지 곁에 없으면 살아가면서 얼마나 고단할까?
남편은 여행 중 자주 이 말을 상기시켰다.

"이번 여행에서 내려놓고 비우고 오는 거 잊지 마."
그런데 참 어렵다. 정말 어렵다.

돌아오는 비행기에서 "메리 포핀스 리턴스"라는 영화를 보았다. 지루한 비행시간을 때우려는 생각이었다.
꼭 보고 싶었던 것도 아니어서 보다 자다, 그런데 어느 순간 눈이 번쩍 떠졌다.

'잃어버린 적 없는 것은 절대 사라지지 않는다
인생에 안개가 끼어도 불평하지 말아요
떠나는 건 없어
잠시 자리를 비우는 것뿐.
엄마의 미소가 별이 되어 반짝이잖아요
안개 속에 갇혀도 괴로워 말고 마법의 불을 켜요'

수첩을 꺼내 어둠 속에서 적어 내려갔다. 눈물을 들키지 않으려 화면 속의 그들처럼 어깨까지 들썩이면서.

'난 길을 잃으면 작은 불빛을 찾지
관점을 바꿔서 보면 모든 게 다르게 보여
인생은 풍선, 때론 날고 때론 떨어져
인생은 과일 바구니
머리로 서서 보면 모든 게 반대로 보이지'

평범한 일상을 마법으로 바꾸고 삶에 기쁨을 주는 "메리 포핀스"에 매료되었다.

떠나는 건 없어 잠시 자리를 비울 뿐, 너는 언제나 우리 마음속에 함께 있으니까 그 말이 아프면서도 위안이 되더라.
'네 딸이 얼마나 똑똑하고 예쁘게 자라는지, 엄마의 빈자리를 얼마나 지혜롭게 이겨내고 있는지, 우리 딸 알고 있니?'

## 네 마음 괜찮니

딸도 떠나고 없는데 남편과 동유럽 여행이라니, 함께할 여행을 둘이 떠난다.

떠나기 전 큰동생 농장에 가서 내 일기와 차마 태우지 못했던 네 남편에게서 받은 편지도 태울 생각이다. 간직한다는 게 무슨 의미가 있을까 싶다.

이번에 태울 일기는 2015년과 2016년 일기다. 수술 후 재발하여 다시 항암 치료받고 또 전이되어 수술받던 기록들과 함께 가슴 조이던 시간이 다시 떠오르더라. 딸이 떠났는데…. 그러면서도 아픈 그 기록조차 이별할 수 없어 몇 가지는 메모로 남겼다. 꼬박 이틀이 걸렸다.

'이제 우리 딸, 더는 가슴 졸이고 힘든 투병 안 하겠구나.'

인정하고 내려놓으려 해도, 내 삶에서 결코 떼어놓을 수 없는 딸과의 이별.

짐을 챙기다 그냥 주저앉아 울고 말았다. 남편이 보면 힘들 거 같아 슬며시 안방으로 들어왔다. 금고에 간직한 용돈 봉투에 쓰인 딸 편지와 함께 마지막 무렵, 딸이 준 용돈을 가만히 만져 보았다.
부모에게 무언가 해줄 수 있을 때 가장 뿌듯하다고 했지.

"엄마, 내게 엄마가 있어서 얼마나 행복한지 몰라. 지금 우리 힘들지만 언젠가 웃으며 얘기할 때가 있겠지? 그러니까 엄마도 힘내요."
우리에게 네가 이렇게 소중하듯 너에게 우리도 그런 사람이었구나. 이제 우리 만날 수는 없어도 너는 마음 깊은 곳에 살아있다. 우리가 이승을 떠나 그곳으로 가면 다시 만날 수 있다고 신앙은 말한다. 하느님의 세계에서 영원한 이별이 없다고….
그런데도 믿음을 가진 사람들조차 이승을 떠나 천국 가는 걸 슬퍼하니 아이러니하다.
누군가의 말처럼 힘들지 않은 인생이 어디 있겠느냐? 괜찮다, 괜찮다, 스스로 다독이며 살아가는 거라고.
우주 어디쯤, 네 영혼은 안식하고 있을까? 하루가 시작되는 아침 창을 열고 네 안부를 묻는다.

"네 영혼 평안하지?"
하루를 마무리하며 밤하늘의 별과 달에게 묻는다.

"우리 딸 그곳에서는 고통 없이 평안하게 지내고 있지?"
"엄마, 잘 있어. 그러니까 아무 걱정하지 마."
꼭 한 번만, 잘 있다는, 그 한마디 꿈에서라도 들려줄 수 없니?
내가 나에게 자주 묻는다.

"네 마음 괜찮니?"하고.
가끔은 나는 내가 되기도 하고 네가 된다.

## 알다가도 모를 나

며칠 전 읽은 양승국 신부님의 묵상 글이다.
'가시나무 새'라는 조성모의 노랫말이 마치 지금의 내 마음을 말하는 것 같다.

  - 내 속엔 내가 너무 많아, 당신이 쉴 곳이 없네
    내 속엔 헛된 바람들로, 당신이 편할 곳 없네
    내 속엔 내가 어쩔 수 없는 어둠, 당신의 쉴 자리를 뺏고
    내 속엔 내가 이길 수 없는 슬픔, 무성한 가지 나무숲 같네!
    바람만 불면 그 메마른 가지, 서로 부대끼며 울어대고
    쉴 곳을 찾아 지쳐 날아온 어린 새들도, 가시에 찔려 날아가고
    바람만 불면 어둡고 또 괴로워, 슬픈 노래를 부르던 날이 많았는데 -

나도 그렇다. 가끔은 바다처럼 넓은 마음이 되는가 하면, 때론 바늘 하나 들어갈 수 없는 속 좁은 내가 되기도 한다. 때로 내 가슴은 용

암처럼 펄펄 끓다가 어느 순간 바람 빠진 풍선처럼 온몸의 기가 소진한다.

아침 기도 말미에 "전능하신 하느님, 저의 생각과 말과 행위를 평화로 이끌어 주소서." 매일 바치는 기도지만, 평화는 여전히 내게 멀리 있다.

스스로 가치 있는 존재라고, 자신을 존중하고 사랑하는 마음을 가질 때 자존감과 함께 행복할 수 있다는 말, 이론적으로는 충분히 이해하고 받아들이는데 그 일이 왜 이렇게 힘들까?

내가 바꿀 수 없는 일은 겸허히 받아들이고, 바꿀 수 있는 일은 바꿀 수 있는 용기를 주라는 평정의 기도문을 자주 묵상하지만, 순간순간 마음의 고요는 무너지고 만다. '왜 이런 일이 나에게 일어났을까? 도대체 내가 무얼 그렇게 잘못했느냐?'며 또 하느님께 항변하며 원망을 한다.

나의 슬픔은 지금 내게 없는 것에 집착하여 내려놓지 못함에서 오는 것이다.

삶은 내 것이 아님을 깨닫는 것, 영원한 나의 것은 없다는 사실을 깨달을 때 마음의 평정을 찾을 수 있을 것이다.

'삶이란 한 조각 구름이 일어남이요. 죽음이란 한 조각 구름이 스러짐이다.' 서산 대사 말처럼 초월할 수 있으면 얼마나 좋을까? 허무로다, 허무! 모든 것이 허무로다. 태양 아래 새로운 것이란 없다는 코헬렛의 그 말에 차라리 위안해야 하는가?

지나간 것은 "지나가 버린 것" 다시 돌아오지 않는다. 내가 내 마음을 붙들어 매어놓고 있는데 어떻게 자유로울 수 있겠는가?
집착인지 애착인지 내려놓지 못하고 꼭 움켜쥐고 있는 나를 어찌하면 좋을까?

## 울고 싶을 땐 울어라

현관문을 열고 엘리베이터에서 내리는 손녀를 맞이한다.
"할머니~!"하며 애교 가득한 목소리로 내 가슴에 와락 안기는 손녀가 오늘은 다르다. 가방을 신발장 옆에 두고 소파에 드러눕는다. 다른 때라면 제일 먼저 욕실로 달려가 손을 씻을 아이다.
　"어디 아픈 거야?"
　"아니야!~."
　"아빠한테 혼났어?"
나는 예민해지고 손녀의 "아니~, 아니라고." 대답하는 말에 짜증이 묻어있다. 아침을 안 먹겠다는 손녀를 달래어 겨우 밥을 먹인다. 재잘재잘 얘기도 잘하고 곧잘 애교부리며 장난도 잘 치는 아이가 시무룩하니 무슨 일이 있었는지 궁금하지만, 사위에게 전화하지 않는다. 딸이 없으니 더 어려운 관계가 되었다.
　"게임 20분만 할래?"
다른 때라면 좋아서 팔짝 뛸 아이가 고개만 끄덕인다.

엄마에게 어리광 부리며 떼쓸 나이지만 그러지 못한 손녀는 철이 빨리 들었다. 어른들의 마음을 헤아리는 손녀는 우리 앞에서 엄마 얘길 꺼내지 않는다. 거실 장식장에 놓여 있는 엄마 사진을 보다가도 눈이 마주치면 슬며시 시선을 돌린다.

"할머니랑 침대에서 누워 쉴까?"

손녀는 여느 때처럼 내 가슴에 꼭 안긴다.

"할머니는 무슨 얘기든 다 들어주고 싶은데, 속상하고 화난 이유 말해 주면 안 될까?"

가슴만 파고들 뿐 말이 없더니 기어이 훌쩍인다.

"내가 어렸을 때는 엄마가 있었잖아. 세 살, 네 살 아니 여섯 살이면 좋겠어. 그땐 엄마가 있었잖아."

"엄마 보고 싶어 그러는구나."

가만히 품에 안겨있던 아이가 고개를 끄덕이더니 기어이 울음을 터트린다.

"울고 싶을 땐 그냥 울어. 할머니도 네 엄마가 보고 싶어서 울기도 해. 참지 말고 응?"

손녀 앞에서 눈물을 보이고 말았다.

"그렇지만 너무 자주 울면 안 돼. 울보 되면 하늘에서 엄마가 속상하고 슬퍼할 거야~."

앞으로 우리 손녀 눈물 흘릴 날이 많을 텐데 어떡하면 좋을까?

'도움이신 성모님, 우리 손녀 누리가 수호천사의 사랑과 위로 안에서 밝게 성장하도록 늘 함께 해주세요.'

## 괜찮아, 다 괜찮아

며칠째 따스한 날씨더니 오늘은 기온이 뚝 떨어지고 눈까지 내린다. 사위가 결혼하게 되어 그동안 딸이 살았던 집에서 이사한다. 외손녀와 딸을 돌보러 칠팔 년 드나들던, 딸의 흔적이 남아 있는 그 집을, 한 번 더 보고 싶었다.

벨을 눌렀다. "엄마~" 하고 딸아이가 활짝 웃으며 문을 열어줄 것 같은, 말도 안 되는 상상을 하며 잠시 서 있었다.

딸이 서울 병원에 다니던 어느 날, 이해인 수녀의 시 "열매"가 쓰인 작은 액자를 들고 왔다. 자신에게 용기를 주는 시가 좋아 샀다고 했다. 주인을 잃은 액자가 풀죽은 모습으로 주방 선반 위에 놓여있다.

　　아프고 힘들지 않고
　　열리는 열매는 없다고
　　정말 그렇다고
　　나의 맘을
　　엿보던

고운 바람이
나에게
일러 줍니다.

딸에게 위로가 되어주었다던 고마운 시다. 그리고 "사랑하고 또 사랑해"라고 쓰인 또 하나의 액자가 주인을 잃은 채 우울한 모습으로 뒹굴고 있다.
딸은 자신의 흔적들을 정리할 겨를 없이 떠났다. 병원에 진료받으러 가서 상태가 나빠 바로 입원했고 그 길이 마지막이 되었다.
유아 세례 사진부터 유치원 앨범, 일기와 편지글, 다이어리, 마지막 휴직에 들어갈 때 함께 근무했던 선생님들의 격려와 사랑이 담긴 편지, 건강하게 다음 학기에 꼭 돌아오라는 제자들의 편지까지. 주섬주섬 담아 집으로 가져왔다.
오후 내내 짐을 펼쳐 보며 손녀에게 남길 약간의 사진을 남기고 시골 동생네 가서 태울 것과 분리해 정리했다.
why me? 나에게 왜 이런 일이, why not? 왜 당신은 안 되는가? 더는 누구도 원망도 하지 말자. 언제쯤이면 이 모든 상황을 아무렇지 않게 받아들일 수 있을까?
　"괜찮아, 다 괜찮아." 두 팔로 가만히 나를 안는다.
　"세상에 하나뿐인 나를 사랑해. 다 괜찮아질 거야!"
　"자비로우신 주님, 제 마음을 굳건히 하시어 자책과 원망 부정적인 생각을 없애시고 평화로 채우소서!"

## 진심이 느껴지는 위로

딸아이 일을 알게 된 C가 위로의 문자를 보내왔다. 자신의 아픔이 우리보다 적다 할 수 없지만, 진심으로 걱정하고 위로하는 마음이 느껴졌다.

"내 새끼 그립고 보고 싶을 때마다 따님 생각도 하며 통곡할 테니 그대는 외손녀 생각해서 울지 말아요."

딸아이가 아프기 전이다.
한밤중 C가 취한 음성으로 전화를 했다. 남편의 고등학교 친구지만 대학 시절 방학 때면 고향 성당에서 함께 활동하던 교우였다. 그가 서른의 아들을 교통사고로 보낸 후, 술로 세월을 보내고 있을 때였다. 괴로움으로 아픔을 토하는 갑작스러운 C의 전화에 위로의 말이 궁했을까? 그와 대화를 이어갈 자신이 없었다. 나는 시간이 지나가기를 기다리자며 그러다 보면 조금씩 나아질 거라는 말도 안 되는 위로를 했다. 생각하니 부끄럽기 그지없다.

"모두 다 지나가리라."

어느 때부턴지 그 말이 참 좋았다.

아마 시간이 가면 슬픔도 조금씩 누그러지지 않겠느냐며 힘을 내라고 했을 것이다. 그러나 딸아이를 잃고 나서 그 말이 얼마나 허황하고 말도 안 되는 위로인지 알았다.

"이제는 힘을 내야지~."

"산 사람은 살아야지, 남은 가족도 생각해야지 어쩌겠니?"

"힘들 때면 언제든 전화해."

"천국에서 안식 누리는데 엄마가 슬퍼만 하면 안 되잖아."

사람들은 이렇게 위로한다. 대부분 지극히 의례적인 위로의 말이다. 물론 걱정하는 마음이 없는 건 아니지만 그 말보다는 "많이 힘들지? 울고 싶을 때는 참지 말고 울어." 그 한마디가 더 따뜻하게 느껴진다. 사랑하는 사람을 잃었을 때, 그 고통과 슬픔을 함께하고 들어 줄 한 사람만 곁에 있어도 슬픔을 넘어설 힘이 된다고 했다.

누구나 그 상황이 되지 않고는 남의 고통을 온전히 이해할 수 없다는 사실을 뒤늦게 알았다. C와 공유한 슬픔과 고통이 똑같다는 걸, 같은 상황이 되어서 이해하게 되었음을 말이다.

C는 젊은 나이에 아내를 질병으로 보낸 후 재혼해서 새 가정을 이루고 자식도 낳았다. 하지만 아내가 남긴 두 아이와는 끝까지 화해를 못 했다. 그런 중에 아들이 교통사고로 세상을 떠났고, 딸은 이 모든 일을 아빠 탓으로 몰아세우니 얼마나 아프고 힘들었을까? 자신들을

품어주지 못한 아빠 탓이라며 원망하니 죽고 싶은 마음뿐이란다. 스트레스로 시력까지 급속도로 나빠져서 직장마저 그만두었다.

"무시로 왈칵 솟구치는 설움은 일상이 되었지만, 여전히 세끼 챙겨 먹으며 숨 쉬고 삽니다. 이제 조금만 더 견디면 자식 곁으로 갈 수 있을 거라 자신을 위로하고 하느님을 원망하며 살아갑니다. 그대는 잘 견디시기 바랍니다."

산 사람은 어떻게든 살더라. 세끼 밥에 때로는 맛있는 고기에, 커피도 빠뜨리지 않고 먹는다. 심신을 힐링한다는 핑계로 여행도 다니고 백화점에서 쇼핑도 한다. 산 사람은 이렇게 살아간다. 그래서 삶은 견뎌내는 일이라 했다.

죽은 이는 아무것도 할 수 없지만 산 사람은 춥다, 덥다하고 불평하며 때로는 신실한 신자인 양 하느님께 매달린다.

"하느님, 제 아이처럼 젊은 나이에 세상을 떠난 이들을 어여삐 여기시어 천국 낙원에 들게 하소서."

그러던 어느 날 뜻밖의 비보를 받았다. C가 뇌출혈로 세상을 하직했다는 것이다.

누구보다 내 처지를 안타까워하며 진심으로 위로하던 그마저 떠났을 때, 한동안 캄캄한 어둠 속에 홀로 갇혀있는 느낌이었다.

'상처가 없었던 사람은 상처 입은 처지를 동정할 수는 있어도 깊이 이해할 수는 없다'라는 헨리 나우웬 말이 가슴에 와닿는다.

## 어버이날의 소회

오후에 본가에 들리게 되어 집에 오지 못한다고 사위가 전화했다.
'내일이 어버이날이구나.'
의연해야 한다고 다짐했지만, 또 허물어진다.
콧등이 싸해지며 눈물이 쏟아진다.
딸 떠나고 두 번째 맞는 어버이날.
 "엄마, 맛있는 거 먹으러 어디로 갈까?"
어버이날 며칠 전부터 맛집을 찾는 등 서두르던 딸아이 모습이 눈에 선하다.
내일 건강검진이 예약되어 커피 대신 옥수수염차를 하나 샀다. 촉박하게 병원 예약을 잡은 탓에 어버이날이 비어 있었다.
아파트 뒷길 산 아래 벤치에 앉아 마음 다독이고 싶은데 오늘따라 걷는 사람들이 많아 서둘러 집으로 돌아왔다. 사실은 울고 싶었다. 울기에는 텅 빈 우리 집만 한 곳이 없다. 언제쯤이면 딸의 부재를 담담히 마주할 수 있을까? 엘리베이터에서 마주치는 젊은 엄마, 거리에서 아이와 손을 잡고 다정하게 걷는 딸 또래의 엄마, 백화점에서 다정히 쇼핑하는 모녀, 하루에도 수없이 맞닥뜨리는 광경이다. 어느 하나 무심히 지나치지 못한다.

손녀도 그럴 것이다. 공개 수업하던 날, 교실 가득 친구 엄마들이 있어서였을까? 선생님이 발표를 시켰을 때 다리가 후들거리고 아무 생각도 나지 않았다고 일기에 쓰여 있었다.

"할머니, 절대 우리 교실에 오면 안 돼!"

세상에서 할머니가 제일 좋다면서, 가장 많이 사랑한다면서 거기까지다. 할머니는 편하고 엄마를 느끼게 하는 사람이지 엄마가 아니다. 할머니의 등장은 엄마가 없다는 확실한 증거가 될 테니까.

"커서 무엇이 되고 싶어?"

꿈을 물었을 때 "엄마가 될 거야." 손녀 누리가 대답했다.

화가도, 의사도, 아나운서도 아닌 엄마, 얼마나 엄마에 대한 그리움이 컸으면 엄마가 되는 게 꿈이 되었을까?

왜 그렇게 대답하는지 이유를 알기에 아무 대꾸도 할 수 없었다. 그저 가만히 안아주었다. 사춘기가 되면 이런저런 고민도 들어줄 엄마가 곁에 없어 많이 쓸쓸하겠다.

"할머니, 내가 엄마가 되면 우리 아이가 나는 왜 외할머니가 없냐고 묻겠지?"

손녀는 벌써 그걸 생각한다. '그때는 새엄마가 외할머니가 되어주겠지.' 손녀를 꼭 안아주었다. 손녀가 결혼할 때, 아이를 낳을 때, 엄마가 없다는 그 사실이 슬프고 아플 텐데 누가 위로해줄까? 손녀를 사랑하시는 친할머니가 오래 사셨으면 좋겠다.

## 인생에서 겪지 말아야 할 일

살면서 원망하지도 자책하지도 말고, 현실을 인정하며 받아들이라는 말을 많이 한다. 인간은 언제 어디서 어떻게 될지 알 수 없는 불확실한 존재이며 누구나 삶을 예측할 수 없기 때문이다.

그러나 절대 겪어서는 안 될 일도 있다. 자식 앞세워 보내는 일이다. 물론 우리의 의지로 할 수 있는 일이 아니다. 그 일이 가능하다면 어느 부모가 자식을 위해 목숨이라도 대신하지 않겠는가? 숨 한번 대신 쉬어주는 일, 물 한 모금 먹어주는 일, 소변 한번 봐주는 일…. 단 몇 초만이라도 고통을 대신하는 일, 어느 것 하나도 할 수 없다. 삶이 죽음으로 바뀌는 그 짧은 순간에 자식을 위해 대신할 수 있는 일은 아무것도 없다. 딸아이가 물 한 모금만 마시고 싶다고 간절히 원하는데, 의사 말이 무어라고 그 쉬운 일조차 들어주지 않고 보냈을까?

'목마르다.' 십자가에 달리신 아들 예수께 물 한 모금 먹이지 못하는 성모님 마음도 이렇게 안타까웠을까?

세상에서 가장 다스리기 힘든 건 자기 마음이 아닐까 싶다. 머리로는 이해하고 받아들이지만, 마음은 그렇지 못하다.
아침이면 창 너머 하늘 보며 평안하냐고, 여기 비 오는데 거기는 어떠냐고 묻는다. 잠자기 전, 베란다 문을 열고 밤하늘 별 보며 안부를 묻는다. 네 영혼 쉬는 곳 얼마나 멀기에 꿈에라도 잠시 다녀가라는 부탁조차 들어주지 않느냐고 원망도 한다.
다음 달이면 사위는 새 가정을 이룬다. "남편 사주에 나밖에 여자가 없다니 당연히 낫겠지?" 언젠가 딸이 웃으며 하던 말을 생각하니 참 씁쓸하다. 이제 우리와의 인연도 매듭지어야겠지만 외손녀가 있으니….
복잡한 심경 밤잠을 설친다.

마음이 쉽게 옮겨가는 걸 보면 사랑이란 게 참 덧없고 허무하다. 세상에 영원한 것이 무엇이랴. 그래서 인간에게 신이 필요한 것일까? 지금까지는 딸 보듯 손녀를 온 마음 다해 보살폈지만 새 가정에 잘 적응하도록 거리 두기를 다짐한다. 며칠을 밤잠 설치며 아프게 고민했는데 사부인은 손녀의 의지처가 우리뿐이라며, 손녀만 생각하자고 한다.
게다가 재혼하여 살집이 우리 집 가까이니, 무슨 일이 이리 꼬이는가? 손녀를 위해 그럴 수도 있다지만 좀 더 먼 곳으로 옮겨야 처음엔 힘들어도 적응하기 더 좋지 않았을까 싶다. 한동안 이런저런 생각에 잠을 이루지 못하고 스트레스를 받았더니 갑자기 혈당이 올라 병 하나가 추가되었다. 내 마음의 상처나 자존심이 우리 손녀 사랑만큼 중요할까?

손녀가 정서적으로 안정되어 밝게 성장할 수 있다면, 모든 걸 내려놓고 견뎌내야겠지. 그래야 하늘에 있는 딸도 평안할 테니 말이다.

엄마와 살던 집을 떠나 새 가정에서 다시 시작될 손녀의 나날이 평탄하지만은 않을 터, 우리까지 멀어진다면 더 힘들어지겠지. 무거운 마음을 내려놓는다.

손녀가 밝게 자랄 수만 있다면 내 마음 아무려면 어떨까 싶다.

## 내가 이해가 안 될 때

벌써 10여 년 전 출간 된 소설을 우연히 만났다. 소설 그 자체보다 책의 서두에 실린 짤막한 한 편의 동화가 내 영혼을 파고들었다는 게 맞을 것이다. 짧은 동화는 본 소설의 주제를 관통하고 있다.
고통스러운 일들을 낱낱이 기억하고 살아야 하는 처지에서는 슬픔이고, 자신에게 어떤 일이 일어났는지, 자신이 잃은 것이 무엇인지 기억하지 못하는 처지에서는 부재다. 한 사람은 기억해서 슬프고, 또 한 사람은 기억하지 못해서 슬프다.
다른 사람에게는 줄거리가 탄탄한 한 편의 이야기지만 나는 객관적으로 받아들이지 못했다.

아버지가 집을 떠나기 전 아들에게 들려주는 이야기는 그의 마음, 슬픔을 스스로 위안하는 변명이 아니었을까?
악마와 신령들이 돌아다니던 아득한 옛날, 농부인 아유브라는 해가 뜰 때부터 해가 질 때까지 밭을 갈고 땅을 일구며 아내와 아들, 딸들과 함께 지독히 가난했지만 행복했다. 그러나 사랑스러운 막내를 악마에게 내주고부터 아유브 마음속 슬픔의 강물은 걷잡을 수 없이 커져만 갔다. 마침내 아유브는 무수한 날을 걷고 또 걸으며 동굴이나 강가, 들이나 바위 사이에서 잠을 자며 악마의 요새가 있는 산에 도착했다. 온몸은 가시덤불에 씻겨 찢어지고 피투성이 맨발이 되어 어느 한 곳도 온전하지 못했다. 악마와 싸워보지도 못하고 자식을 내준 자신을 용서할 수 없었던 아유브는 악마와 싸우기 위해 손에 쥔 낫을 꼭 움켜쥐었다.

"네 아들은 널 기억하지 못한다. 이것이 네 아들의 삶이다."
악마는 유리창 너머 넓고 아름다운 정원에서 살이 오르고 훌쩍 자란 막내가 친구들과 즐겁게 뛰노는 행복한 모습을 보여주었다. 그리고 아유브에게 모래시계를 주며 "데려가고 싶은가? 네가 선택하라."고 말한다.

악마가 아유브에게 물었듯이 신이 나에게 하늘나라에서 평화로운 안식 누리는 딸을 보여주며 이승에서 겪은 그 고통을 또 겪게 하고 싶은가? 하고 묻는다면 어떻게 대답할까? 나의 이기적인 이유로 딸이 천상세계에서 평화로운 안식을 누리는 기회를 박탈할 수 있을까? 악마는 아유브에게 기억을 잊는 파란 액체가 담긴 작은 유리병을 준다. 그 후 아유브는 사랑하는 막내 이름조차 기억하지 못한다. 다른 모든 것은 다 기억하면서. 그저 오래전 막내 목에 걸어 둔 방울에서 나던 그 소리가 알 수 없는 아련한 그리움처럼 공허하게 귓가를 맴돌 뿐이다.

나에게도 고통스러운 그 한 가지 기억만을 잊을 수 있는 파란 액체가 담긴 작은 유리병 하나 있으면 좋겠다.
책을 읽고 다시 읽은 후에도 한동안은 그 소설에 갇혀 살았다. 가슴을 뒤흔들던 그 이야기를 누군가와 공유하고 싶었다. 문득 글공부를 함께하던 언니처럼 편안한 지인이 떠올랐다.
마음이 울적하던 날, 그녀 집을 찾아 책을 선물했다. 왠지 공감할 수 있는 그분에게 줄 수 있어서 마음이 흐뭇했다.

그런데 잠을 이루지 못해 뜬눈으로 새우던 밤, 미친 듯이 그 동화가 내 머릿속을 휘젓기 시작했다. 다시 한번 읽지 않고는 견딜 수 없었다. 책은 이미 내게서 떠나고 없는데 아유브가 악마에게 따지듯이 나도 하느님께 한 번은 포악이라도 부려보고 싶었다. "얼마나 괜찮은 아이인지 당신도 아시지 않으시냐고? 왜 우리 아이냐고?" 며칠 망설이다 그녀에게 전화했다. 그 책, 다시 돌려주면 안 되겠냐며 다른 책으로 드리겠다고. 너그럽고 사려 깊은 그녀는 당연히 내 마음 이해한다고 했지만, 세상에 일흔 넘은 여자가 초등학생도 안 할 유치한 행동을 하다니 정상이라고 생각하실까? 민망하고 부끄럽다.
아무리 생각해도 내가 나를 이해할 수 없다.

# 세월호, 그 아이

가끔 세월호, 그 아이를 생각한다.
아이는 부모를 따라 오빠와 함께 제주도로 이사 가는 길이었다. 아이는 처음 바다를 보았고 배를 처음 탔을지 모른다. 그래서 모든 것이 신기하기만 했다. 신나고 즐거웠을 그 아이는 이런저런 제주 생활을 구상하고 있는 부모 곁에서 재잘거리고, 오빠와 장난을 치고 있었을 것이다.
그때 배가 중심을 잃고 휘청거렸다. 배 안의 사람들이 웅성거리며 우왕좌왕할 때, 선내가 더 안전하니 움직이지 말고 대기하라는 방송이 수차례 나왔다.
 '그래, 별일 있겠어? 망망대해도 아니고 우리나라 바다에서 이 큰 배에 무슨 일이 있겠어?'
배 안의 사람들은 대수롭지 않게 생각했고 당연히 별일 아니리라 믿었다. 그러나 안내 방송만 믿었던 학생들과 승객들은 끝내 탈출하지 못했다. 초동 대응이 미흡했고 무능한 대처들이 그들을 죽음으로 몰았다.

아이들과 승객들이 배 안에 갇혀 있는데 구조에 앞장서야 할 선장과 기관사들은 탈출하기에 급급했다. 그들에게 안전이나 생명 따윈 안중에 없었다. 구명조끼는 턱없이 부족했지만, 그 상황에서도 학생들은 친구에게 양보했다. 판단에 민첩한 소수의 사람이 바다로 뛰어들거나 구조선에 올라탔다. 그때 누군가 그 아이를 안아서 구조선에 옮겼다. 그러나 아이의 부모와 오빠는 끝내 배에서 나오지 못했다. 아이의 아빠와 오빠는 지금까지 미수습자인 상태다.

그 엄청난 일을 겪은 아이는 살아남았지만, 아무것도 알지 못한다. 세월호 사건을 설명하고 이해시키기엔 너무 어렸다. 우리 모두를 분노하게 했던 세월호 침몰 원인은 지금까지도 뚜렷이 밝혀지지 않고 있다. 정부의 무능한 대응과 안전 불감증이라는 우리 사회의 총체적 부조리가 빚은 결과라는 것밖에.

죽음이 무엇인지 알지 못하는 아이는 엄마와 아빠가 오빠만 데리고 이사 갔다고 생각했다. 엄마, 아빠를 기다렸을 아이는 얼마나 서럽고 무서웠을까?

세월호 사고 두 달 전 딸아이가 유방암 진단을 받았다. 엄마가 무지하지 않았더라면 좀 더 빨리 병원을 찾았을 것이고 치료도 훨씬 쉬웠을 것이다.

세월호 사고도 신속한 구조만 이루어졌더라면 많은 생명을 허망하게 잃지 않았을 것이다. 국민의 생명과 안전을 책임지고 있는 사람들이 재빨리 대처했다면 이 큰 참극을 막을 수 있었다는데 이의를 달 사람은 없을 것이다.

세월호가 침몰하기 전까지 구조할 수 있는 시간은 충분했기 때문이다. 눈앞에서 기어이 가라앉은 세월호를 보며 미친 듯 자식의 이름을 부르던 애끓는 부모들의 울부짖던 모습이 아직도 선연히 떠오른다. TV 앞에서 지켜보던 온 국민은 안타까움과 분노로 탄식했다. 그렇게 우리의 소중한 부모, 형제, 아들과 딸은 맥없이 죽어갔다. 누군가의 자식, 부모와 형제들이 물이 차오르는 배 안에서 살려달라고 비명을 지르며 아우성치고 있는데 속수무책 지켜볼 수밖에 없는 심경은 어떠했을까? 애간장이 타고 녹았을 것이다. '애간장이 녹는다'라는 말이 이렇게 아프고 힘들다는 걸 예전에는 몰랐다. 입이 바싹바싹 타고 뼈마디 마디가 무너져 내리는, 숨조차 쉬기 힘든 고통을 어찌 말로 표현할 수 있으랴!

무탈한 일상이란 얼마나 큰 축복인가? 그러나 인간사는 우리 뜻대로 되지 않는다.

'왜 하필 우리에게 이런 고통을 주느냐?'고 하느님께 따져 묻고 싶었다. 우리가 무얼 그리 잘못했느냐고…. 하지만 인생을 송두리째 하느님께 봉헌하고 선행의 삶을 살았던 사람들조차 지켜주지 않는 걸 보며 삶과 죽음은 신의 영역이 아닐지 모른다는 생각마저 들었다. 내 딸만 살려 준다면 악마에게 내 영혼이라도 팔겠다고 으름장을 놓다가 맥없이 주저앉은 날이 몇 번이던가?

얼마 전 TV에서 유해도 없는 슬픈 안치식을 하는 걸 보았다. 그 아이의 아빠와 오빠의 유해는 찾지 못해 그들이 살아생전 입었던 옷을 담은 관이 운구차로 향했다. 가족 중 유일하게 살아남은 그 아이는 큰아빠 손을 잡고 무표정하게 바라보고 있었다. 그 모습이 너무 아파서 철든 그 아이가 되어 엉엉 울었다.

사고가 난 지 4년이 되었지만, 세월호 사고는 우리 모두에게는 어제 일처럼 아픈 상처다. 세월호 침몰 당시 다섯 살, 그 아이도 초등학교 2학년이 되었다. 한창 엄마, 아빠에게 어리광부릴 나이, 아이는 살아가면서 얼마나 외롭고 힘들까? 무시로 엄마, 아빠를 떠올릴 것이고 아스라이 기억 저편의 그 날을 생각할지 모른다. 그럴 때면 가슴이 먹먹해질 그 아이가 안타깝다.

'애간장이 녹는다.'는 어느 정도의 슬픔을 빗대어 말하는 걸까? '아이를 잃은 어미의 마음'이란다. 그 슬픔은 창자가 끊어지는 고통이라고 했다.

힘들게 투병하는 딸아이를 곁에서 보며 그 고통을 조금이라도 나눌 수 있다면 얼마나 좋을까? 그런 생각을 했다. 세상의 모든 부모의 마음이 그럴 것이다.

신문이나 뉴스에서 엄청난 사건을 마주할 때면 나와는 무관한 일이라고 생각했던 그 일이 어느 날 우리에게 일어난 것일 뿐, 삶은 언제나 예측불허다.

세월호 사고로 한순간 사랑하는 아이를 잃은 부모를 생각한다. 그리고 부모와 오빠, 가족 모두를 한꺼번에 빼앗긴 그 아이를 떠올린다. 그 아이를 꼭 안아주고 싶다.

## 다 부럽더라

지인과 카페에서 차를 마시며 얘기를 하던 중 자식 얘기가 나왔다. 사려 깊은 후배라 자식 자랑거리라면 꺼내지도 않았을 것이다.

아들이 성격 차이로 며느리와 이혼을 하겠다는 것이다. 내 손녀 또래 딸아이가 있다는 걸 알고 있다. 지인은 아이를 생각해서라도 웬만하면 서로 이해하며 살라고 사정해도 말을 듣지 않아 속상하다는 하소연이다.

우리 때는 자식 생각해서 참고 사는 경우가 많았지만, 요즘에는 자식보다 자신의 행복에 우선순위를 둔다.

이야기를 듣는 내내 부러웠다.

이혼해도 좋으니 살아만 있다면 얼마나 좋을까? 관리비를 못 냈다고 오십 만원만, 백만 원만 매번 맡겨 놓은 것처럼 돈을 달라고 친정으로 달려오고, 더는 살 수 없으니 이혼하겠다며 부모 속을 뒤집어도 살아만 있다면….

음식점에서 성질 괴팍한 주인에게 야단맞고, 손님 앞에서 억지 미소 지으며, 얼굴 위 흘러내리는 땀 훔치며 발바닥 불이 나게 서빙 하던 젊은 여자도 부럽더라. 안됐다는 마음보다 살아있는 그 한 가지가 부러웠다.

씻기지도 못했는지 누런 코가 볼에 덕지덕지 붙은 젖먹이를 옆에 끼고 푸성귀를 팔고 있는 노점상 그 젊은 여자도 부럽다. 살아있다는 것은 기적이고 축복이구나. 누군가는 지상의 삶이 밤에 날아다니는 불나방의 번쩍임 같고, 한겨울 들소가 내쉬는 숨결 같은 한순간 덧없음이라 말하지만 그래도 부럽다.

신앙은 죽음 이후의 삶이 영원하다고 가르치지만, 사랑하는 가족과 함께 부대끼면서 살아가는 현재가 진정 행복이 아닌가?

세상에 영원한 것은 없으며 슬픔은 누구와도 나눌 수 없는 것, 오롯이 자기의 몫이다.

슬픔에서 헤어나지 못하고 아파하고 자책하는 것은 어리석은 일이라는 걸 알면서도 내려놓지 못한다. 비우고 내려놓아야 참된 삶이 시작될 것이고 떠난 아이도 간절히 원하는 일일 것이다. 우리 생이란 언젠가는 모든 것을 잃어버리는 날이 오기 때문에 낙법落法을 배워야 한다고 했다. 낙법이란 놓아버림이다. 과거에 매여 있는 것만큼 어리석고 부질없다는 걸 알면서도 안되는 게 문제다.

놓아버리는 일, 비우고 내려놓는 그 일이 나에게는 왜 이렇게 어려운 걸까?

그녀가 참 부럽다. 그녀는 오래전 아픈 일을 겪었지만 오로지 믿음으로 극복했다. 가진 것은 충분하지 않아도 항상 베풀기를 좋아하고 긍정적이고 밝은 성격도 부럽다.
그녀를 만났을 때 마음에서 엔돌핀이 솟아오르는 걸 보면, 분명 그녀만의 특별한 매력이다.

## 요양원을 다녀오다

언니가 있는 요양원을 찾은 날은 호미곶 유채꽃 축제가 열리는 날이다. 요양원까지 3km 남았다고 내비게이션이 가리켰지만 차의 움직임은 걷는만 못하다.
광주에서 이른 시각 출발했고 점심 먹는 시간을 제하곤 커피도 차에서 마실만큼 열심히 달려왔지만, 오후 2시가 훨씬 지나서야 도착했다. 어디쯤 오느냐는 언니의 전화만 수차례, 기다리다 지쳤는지 차가 밀리면 그냥 되돌아가라는 마음에도 없는 말을 하였다. 요양원은 동호사 근처 깊은 산속에 자리하고 있었다.
초췌할 대로 마른 몸으로 휠체어에 앉아 있는 언니의 모습이 유리문을 통해 보였다. 언니가 우리를 향해 손을 흔들었다. 그렇지만 당장 언니를 만날 수 있는 것은 아니다.
코로나 검사를 마친 후에야 2층 면회실에서 언니와 마주 앉았다. 코로나 시기도 끝났는데 요양원은 특수한 곳이다 보니 엄격하게 통제되고 있었다.

세 자매 중 가장 활달하고 사교적인 언니는 결혼과 함께 일찍이 고향을 떠났지만, 타향이라 느낄 수 없을 만큼 주변에 사람들이 많았다. 열 살도 더 젊은 친구가 있는가 하면 대부분 연하의 친구들이었다. 여유로운 편도 아니어서 베풀 형편도 못되었지만, 천성이 워낙 낙천적이고 밝고 인정이 많아서 그런 것 같다.

언니는 허리가 좋지 않아 몇 해 전 시술을 했는데 지난해부터 힘들다는 얘기를 부쩍 많이 했다. 이 병원 저 병원 옮겨 시술하고 입원하고를 반복했다. 그러다 허리 시술한 곳 뼈가 깨졌다며 시멘트로 고정하고 한 달여 가까이 움직이지 못했다. 상황이 조금 나아져서 집에 온 다음 날, 화장실에서 넘어져 팔목이 부러지는 안타까운 일이 생겼고 재입원하여 다시 몇 달을 누워지내다 보니 근육이 빠져 걷는 일이 불가능해지고 말았다.
혼자 생활하는 일이 어려우니 잠시 요양병원에 맡기자는 조카를 탓할 수 없는 일이다. 맞벌이에다 어린아이 둘이 있어 언니를 감당할 형편이 안되었기 때문이다.
요양병원이 깊은 산속이라 공기며 자연경관이 정말 좋았지만, 손목 깁스를 푼 지 며칠 안 돼 혼자서 휠체어를 탈 수도 없다. 그렇다고 일인 간병인이 있는 것도 아니라 도움 없이는 요양원 뜰에 혼자 나올 상황도 안 되었다.
언니가 기거하는 방을 구경하고 싶다는 말에 요양원 종사자분이 안내했다. 작은 방에 두 사람이 지내는데 침대와 작은 사물함만이 놓여 있었다.
언니가 부탁한 것을 직접 사물함에 정리해 주고 싶은데 그것조차 종사자 당신이 해야 한다는 것이다. 지난번 택배로 보낸 옷도 맞지 않으면 가져가서 바꿔야 하는데 도무지 그럴 분위기가 아니다.
요양원이라는 곳이 특수한 곳이고 환자의 안전이 우선이라지만 답답한 심경을 꾹 누를 수밖에 도리가 없다. 그나마 멀리서 왔다고 면회 시간은 조금 생각해 주었지만 충분하지 않았다.
돌아오는 길, 호미곶 노란 유채밭의 황금빛 들판은 눈이 부셨다. 그 너머로 푸른 동해가 넘실대는데 그야말로 한 폭의 그림이다, 잠시 차를 세우고 답답한 마음을 내려놓고 싶었다. 우리 모두의 마음이 그러했다.
하지만 차를 세울 공간은 어디에도 없었다. 유채꽃밭 중간중간 길이 나 있었지만, 사진을 찍는 사람들로 뒤엉키고 붐볐다.
유채꽃은 봄바람에 몸을 맡기고 여유롭게 살랑대고 있을 뿐. 노란 물결을 이루는 끝없이 펼쳐진 유채밭을 보며 오래전 여행지, 프랑스에서 스위스로 넘어가면서 보았던 끝이 보이지 않던 노란 해바라기밭이 떠올랐다.

황금빛 유채꽃 사이에서 생의 한순간을 한껏 즐기는 사람들의 모습을 보며 요양원에서 만난 희망을 잃은 초췌한 노인들의 모습이 뇌리를 오갔다.
며칠 전 언니가 전화로 했던 말이 가슴에 얹힌다.

"멀쩡한 사람이 용변을 기저귀에 볼 수 있어? 며칠 만에 겨우 대변을 보았는데 몇 시간을 방치되어 있다고 생각해 봐. 아무것도 느끼지 못한다면 차라리 좋겠다."
그렇구나, 언니처럼 정신이 또렷한 사람은 더 힘들겠구나.

누군가의 기도 글이 떠올랐다.

- 머리를 감을 때는 마지막까지 내 손으로 감게 해주시고 손톱, 발톱을 자를 때도 마지막까지 내 손으로 자를 수 있게 해주소서.
화장실에서도 남의 도움 없이 마지막까지 스스로 해결할 수 있는 능력 주시기를 기도합니다.-
- 중략 -

돌아오는 내내 머릿속은 생로병사, 천국, 연옥 등의 단어가 쉼 없이 맴돌았다.
누구나 젊음의 한때는 빛났으며, 노년이 되면서 질병이나 고독으로 고통받기도 하며 사랑하는 가족을 떠나보내는 슬픔을 겪기도 한다. 요양원에서 만난 노인들의 모습은 대부분 표정이 없었다. 이곳을 거치면 그들의 최종 목적지는 어디일까? 이분들은 지금 연옥의 고통을 지나고 있는 것일까? 지상에서의 마지막 고통을 속죄받고 천국으로 향한다는 희망을 품어 본다.
인생에서 알 수 없는 신비가 많지만 죽음에서는 더욱 그러하다.

"언제, 어디서, 어떻게" 맞게 될지는 알 수 없다.
요양원이 인생의 마지막 집이 될 수도 있고, 병원 입원실에서 마지막을 맞이할 수도 있다.
운이 좋다면 내가 사는 집에서 며칠 동안 생명을 유지하다 가족들과 작별 인사를 나누고 편안하게 떠날 수 있을 것이다. 잠자다 홀연히 떠난다면, 남은 가족에게는 아쉬움이지만 노년이라면 좋은 죽음이라고들 한다.
그러나 인생의 마지막을 선택할 수 있는 권한은 누구에게도 없다.

제3부

# 선물 같은 인연

## 나를 웃게 하는 아이

손녀 누리 때문에 웃을 때도 있다. 아침을 먹고 소파에서 뒹굴던 누리가 뜬금없이 한 말 때문이다.
 "할머니, 우리 아빠 돈 좀 주면 안 돼?"
잘못 들었나 싶어 누리를 바라보았다.
 "우리 아빠, 할머니가 용돈 좀 주면 안 돼요?"
존댓말까지 사용하여 진지한 얼굴로 나를 바라보며 말했다. 자기 학원비가 많이 들어서 아빠 생활비가 부족하다는 것이다.
영어 학원비와 중창단 방학 특강비, 지혜의 숲 특강비까지 돈이 엄청나게 든다는 것이다.
누리가 왜 학원비까지 걱정하게 됐는지 궁금했다. 마침, 사부인과 통화하다 얘기했더니, 박장대소하신다. 전날 본가에 온 아들에게 학원비가 얼마나 드느냐 물었고, 이러이러해서 얼마 정도 든다고 말했다는 것이다. 사부인이 학원비가 그렇게 들면 생활은 어떻게 하느냐 물었다고 했다. 누리가 그림 그리기에 열중해서 별 의식하지 않고 얘기를 나눴던 모양이다. 고작 여덟 살 아이가 듣고 예민하게 받아들일 거라곤 생각지도 못했다고 하셨다.

누리는 외식할 때면 우리에게 다짐까지 받는다.

"오늘 할아버지가 식사비 내시는 거예요? 다음번엔 할머니가 내세요."

순번까지 정해 준다.

"그럼, 네 아빠는? 다음엔 아빠가 내면 되겠네."

일부러 어떤 대답을 하나 하고 말하면 대답이 이렇게 돌아온다.

"아니, 다시 할아버지, 할머니 차례로 내야 해요."

자기 아빠가 식사비를 내겠다고 하면 어느새 할아버지 카드를 뺏다시피 계산대로 간다. 식당 아주머니도 그 모습을 보고는 애지중지 손녀 예뻐해도 소용없다고 말하며 웃는다. 어쨌든 아빠를 생각하는 아이의 마음이 기특하고 귀엽다.

"너는 왜 아빠 생각만 하니?"

자기 아빠한테 할머니, 할아버지 용돈 좀 드리라고 해야 하는 게 아닌가? 기특하면서도 은근히 서운하다 했더니 이렇게 응수한다.

"아빠는 내 진짜 가족이고, 내 보호자이니까요."

그렇구나, 정말 너에게 아빠는 그저 아빠만이 아닌, 엄마의 자리까지 채워주는 소중한 가족이며 보호자구나!

누리가 아니면 우리가 웃을 일이 있을까?

오늘도 우리 부부를 웃게 한 손녀, 누리는 우리의 보물이다.

## 너는 나의 봄이다

인간극장을 보았다. 선혜 씨의 9살 딸 하은이…. 우리 외손녀와 같은 나이다.

선혜 씨는 이혼 후 우울증과 뇌출혈로 몸도 자유롭지 못하고 말도 어눌하다. 2년 전 쓰러져 이만큼 좋아진 것도 기적이라고 했다. 많은 기억을 잃었고 몸도 불편하고 말도 어눌하지만, 그까짓 게 대수인가? 지금 살아있지 않은가?

"내가 너를 다시 일어나게 하리라."

친정어머니의 독한 각오와 선혜 씨의 강한 의지, 아버지와 오빠의 가족 사랑이 기적을 만들었다. 친정아버지는 외손녀가 아니면 웃을 일이 없다고 했다. 우리 부부와 똑같다.

왜 그렇게 부러울까? 우리 딸도 그녀처럼 몸이 불편하고 말도 어눌하더라도 살아만 있다면, 연금 받으며 편안한 노후를 보내지 않아도 좋고, 선혜 씨 어머니처럼 고단한 일상을 보내며 살아도 좋으리라.

할아버지 등에 업혀있는 하은이를 보며 여행 때면 늘 외할아버지 등에 껌딱지처럼 붙어있던 누리 모습이 떠올라 눈시울이 젖는다.
'엄마들은 왜 자식에게 늘 미안할까?'
선혜 씨 어머니처럼 나도 딸을 생각할 때면 자책이 들고 해준 게 없어서 미안하다. 마지막 순간 곁에 있으면서도 편안하게 보내주지 못했던 무지한 엄마다. 삶과 죽음이 그처럼 가깝다는 걸 그때 알았다. 딸이 힘들게 투병하는 동안 어미가 대신할 수 있는 일이 아무것도 없다는 절망감….
당연하다고 생각했던 일상이 결코 당연한 게 아니다. 선혜 씨 사고 당시 7살 하은이, 우리 외손녀도 7살 때 엄마를 잃었다.
딸아이를 보내고서야 평범한 일상이 얼마나 큰 행복인지 알았다. 내리막 경사진 길을 발이 꺾여도 포기하지 않고 기어이 내려가던 선혜 씨를 보며 나도 모르게 손뼉을 친다. 하은이가 친구 누꼬(암탉)를 잃었을 때는 마음이 안타까웠지만 새 친구가 생겨서 참 다행이다.
  "이름은 뭐라고 지을까? 뽀송이, 잎사귀…."
병아리를 안고 예쁜 이름을 생각하는 하은이의 진지한 모습이 얼마나 귀엽던지….
자작나무 수액을 받아 간장을 담그면서 선혜 씨 어머니가 하던 말, 해야 할 일은 신나게 해야 한다는 그녀의 밝은 얼굴과 긍정적인 말도 기억에 남는다.
  "언니~ 너무 멋져요~"
가족들 앞에서 노래하며 춤추는 딸 하은이에게 방송 멘트를 날리는 선혜 씨 모습에서 싱그런 젊음이 느껴진다.

시청하는 내내 선혜 씨 얼굴에 딸 얼굴이 겹치어 가슴이 먹먹했다. 밤이면 하늘에서 별이 쏟아지고 맑은 개울물이 흐르며, 산에는 연분홍 산벚꽃이 하늘거리던 강원도 홍천-
3년 전 딸아이와 함께 홍천 힐리언스선마을에서 보낸 2박 3일의 추억이 새록새록 떠오른다. 천혜의 자연 속 홍천의 깊은 산골 선마을에서 딸과 함께 웰 에이징을 위한 강의를 들었던 일, 숲길을 걸으며 나눴던 이야기, 별이 쏟아지는 가을밤의 캠프파이어를 하며 기도하던 그 순간이 시리도록 그립다.
선혜 씨가 피어나는 봄꽃처럼 자신도 빨리 피어나게 해달라고 기도하는 모습은 경건하기까지 하다.
강원도 홍천 내면, 선혜 씨가 사는 곳. 그녀를 만나러 꼭 한번 다녀오고 싶다.
초록 세상이 펼쳐진 봄, 5월이면 좋겠다. 연둣빛 명이가 파릇파릇 잎사귀를 내밀고 마당엔 할아버지가 외손녀를 위해 메어 둔 외줄 그네도 보고 싶다.
"너는 누구를 닮아 이렇게 예쁜 거야?"
밝게 자라 준 딸 하은이에게 선혜 씨가 한 말이 귓가를 맴돈다. 우리 딸도 하늘에서 딸 누리에게 이렇게 말하지 않을까?
"너는 누구를 닮아 그렇게 똑똑한 거야? 우리 딸 씩씩하고 예쁘게 자라서 정말 고마워."
선혜 씨가 하루빨리 건강해져서 딸 하은이와 놀이공원도 가고 바이킹을 타겠다던 소망이 이루어지기를 간절하게 바란다.

## '라피크'라는 말

'라피크'라는 말은 먼 길을 함께할 동반자라는 뜻을 지닌 아랍어다. 먼 길을 함께할 좋은 동반자, 그런 동반자 한 사람만 있어도 고통과 슬픔의 시간을 조금은 덜 힘들게 지낼 수 있다고 했다.

인생길이 어찌 순탄하기만을 바라겠는가? 해가 쨍쨍 내리쬐기도 하고 시원한 산들바람이 불기도 하지만 때론 비바람에 폭풍우가 쏟아지기도 한다는 걸 모르지 않는다. 인생길이 꽃길만 있다면 눈물과 한숨이 왜 필요하며 누가 삶을 고해라고 했겠는가?

인생길을 걸을 때 마음을 나눌 진실한 친구 한 명만 있어도, 슬픔과 고통으로 힘들 때 살며시 손잡아주며 "많이 힘들지?" 따뜻한 말 한마디 건네줄, 어깨를 내어줄 벗이 있다면 얼마나 힘이 될까?

그러나 힘든 시기를 지나오면서 생각하는 것만큼 사람들은 타인에 관해 관심이 없다는 사실을 깨닫는다. 혜민 스님의 말이 새삼 공감이 간다.

엄마 잃고 마음이 허기진 손녀에게 "언제나 네 곁에 있을게. 할머니가 너를 꼭 지켜줄 거야." 그러니 너무 슬퍼 말라고 말하다 무책임한 말이라는 것을 깨닫고 가슴이 서늘해졌다. 내 나이를 생각하니 그 아이 곁에 얼마나 머무를 수 있을지 확신할 수 없다. 멀리 있는 길을 함께할 영혼의 동반자라니 가당치 않은 말이다.
다행히 운이 좋아서 좀 더 오래 손녀 곁에 머무른다 해도 내가 건강하지 못하면 무슨 도움이 될 수 있겠는가?

요셉 신부님 말씀처럼 내가 청하는 것이 건강이나 생명이라면 의미가 있을 때 강력하게 청할 수 있게 되고 그 의미가 기적을 만든다고 했다. 확신을 두고 청하는 것은 주님이 다 들어 주신다는 것이다. 확신은 내가 청하는 것의 의미와 가치에 대한 믿음에서 온다는 것이다. 그런데 믿음은 고사하고 그분의 전능하심마저 의심할 때가 많으니 그런 기적을 기대하는 것은 염치없는 일이다.
주님, 남겨진 저의 시간을 마치는 날까지 건강을 허락하소서. 딸이 남긴 손녀 누리의 슬픔을 위로하고 희망을 간직할 수 있도록 따뜻한 동반자가 되게 하여 주소서.
그리하여 우리가 떠난 후에도 맑고 고운 품성으로 성장하여, 누군가에게 선한 영향력을 줄 수 있는 동반자가 되게 하소서.

## 일상에서 만나다

언젠가 딸과 길을 걷다 단아한 얼굴의 여스님을 보았다.
 "엄마, 나 어때? 스님이 됐으면 잘 어울렸겠지?"
박박 민 머리를 드러내며 활짝 웃던 네 모습이 생각난다. 그때, 네 마음도 웃었을까? 엄마 마음 아프게 하지 않으려 일부러 넉살 떤다는 걸 알기에 "그래, 예쁘네."라고 말했을 것이다. 침대며 거실과 욕실까지 머리카락이 여기저기 떨어져 네 남편이나 딸이 불편해할까 봐 항암제를 바꾸고 머리카락 빠지기 시작할 즈음이면 미리 머리를 밀었지. 네 번이나 머리를 박박 밀면서도 엄마 마음 아플까 봐, 네가 먼저
 "예쁘다, 괜찮아 보이네, 잘 어울리네!"
밝은 얼굴로 웃기까지 하던 네가 떠오른다.
엄마 앞에서만 민머리를 드러냈을 뿐 남편이나 네 딸 앞에서는 두건으로 꼭꼭 감췄지. 두건을 벗고 있다가도 네 딸이 유치원에서 돌아올 시간이면 부리나케 두건을 쓰던 생각이 난다. 그렇게 조심했지만, 네 민 머리를 네 딸에게 두 번 들켰지. 처음은 제주 바닷가 식당 앞에서

세차게 바람이 불어 네 가발이 날아갔다고 했어. 그때 네가 얼마나 당황했을까? 또 한 번은 떠나기 이틀 전 병실 침대에 누워 있을 때 네 딸이 갑자기 들이닥쳐서 두건을 벗고 있던 너는 어쩔 줄 몰라 했지.
 "엄마, 머리 왜 다 깎았어?"
일곱 살 네 딸이 그렇게 물었을 때 우리 모두 당황했지.
네가 떠난 후, 엄마는 욕실이나 거실에 떨어져 있는 머리카락에 참 예민해졌다. 아프지 않아도 이렇게 많이 빠지는데, 독한 항암제를 4년 넘게 맞았으니 머리카락인들 온전했을까? 머리카락을 주우며 네가 힘들었을, 속으로 삼켰을 피 울음을 생각했다.
 "엄마, 음료수병을 이렇게 버리면 어떡해?"
대충 씻어서 분리수거함에 버린 플라스틱 용기를 네가 다시 꺼내며 말했지. 일회용 용기는 깨끗이 씻어 말려 분리해야 재활용을 할 수 있는 거라고.

설거지하다 음료수 빈 병이나 플라스틱 용기를 대충 씻으면 단호하게 지적도 했지. 분리수거만큼은 철저하던 네 생각이 나서 대충 씻어 버리려던 우유갑이며 플라스틱 용기를 다시 깨끗이 씻어 싱크대 옆에 엎어두고 물기가 마르면 그때 분리수거함에 넣는다.
더구나 요즘엔 코로나19로 가정마다 배달음식이 많아지면서 플라스틱 등 일회용품이 넘쳐나 환경문제가 심각하다. 오늘만 해도 네 조카 온라인 수업으로 모처럼 배달음식을 시켰더니 음식 담은 플라스틱 용기가 엄청나서 제대로 씻으려니 무척 힘들더라.

무심코 버린 플라스틱 쓰레기를 삼켜 많은 생물이 고통을 받고, 죽기까지 한다니 환경문제도 코로나 못지않구나. 네가 아니었으면 엄마는 지금처럼 분리수거를 철저히 하지 못했을 거야. 우리 딸, 오늘도 엄마에게 깨우침을 주는구나.

## 멘토 같은 후배

물건 둔 곳을 자주 잊고 냄비 태우기 일쑤라고 걱정했더니 후배도 그런 적이 많아 치매센터에서 검사를 받았다며 자세히 안내해 주었다. 망설이다가 검사를 받았는데 다행히 아직은 걱정할 단계가 아니라고 한다.

나이가 들면 제일 염려되는 게 치매가 아닐까 싶다. 후배는 『기적의 숫자 퍼즐 로직』을 소개해 주었다. 가장 낮은 단계였지만 머리 쓰는 것을 싫어해서인지, IQ가 딸린 것인지 30분만 매달리다 보면 눈은 침침해지고 오히려 스트레스가 쌓였다. 이미 최상위 단계를 하는 그녀는 하나하나 해결해 낼 때마다 맛보는 성취감을 말하며 격려했지만, 나의 인내심은 결국 바닥을 쳤고 『기적의 숫자 퍼즐 로직』은 책꽂이 한편으로 밀려 버렸다.

『기적의 숫자 퍼즐 로직』에 대한 반응이 시원찮은 걸 눈치챈 후배는 낱말 퍼즐이 더 잘 맞겠다며 『두뇌 UP 레시피 퍼즐 북』 3권을 직접 주문까지 해서 가져왔다. 남편은 후배 덕분에 치매 걱정은 안 해도 되겠다며 놀리기까지 했다. 최근에 이런저런 마음고생을 겪으며 스트레스로 질병까지 추가된 상황이다. 이번 일을 겪으며 마음과 몸은 하나라는 걸 절실하게 느꼈다. 주변에서 무슨 약을 먹느냐고 물으면 말하기조차 부끄럽다. 후배도 몇 가지 질병은 있지만 삶을 긍정적으로 즐기며 생활한다. 넉넉한 마음을 지닌 후배는 이미 오래전 장기 기증 서약까지 해 두었고 사전 의료전향서도 이미 작성해 두었다고 이야기했다. 선진국에는 환자의 기계적 호흡이나 심폐소생술을 거부할 수 있는 법이 있다는데 흔히 말하는 존엄사를 인정하는 것이다.
류머티즘약까지 먹는 데도 장기 기증이 가능하냐고 물었다.
 "십 년 전쯤 했는데 그때는 건강했거든요. 생각해 보니 정말 내 몸 장기 중에 쓸 만한 게 있을지 모르겠네요."
후배는 흔연스럽게 웃었다. 장기 기증이라…. 전혀 생각을 안 해본 것은 아니지만 선뜻 용기를 낼만큼 이타적인 사람이 못되어 결심하지 못했는데 후배, 참 대단하다.
 "갈 때가 되면 가야 하는 것이 인생이다. 자력으로 먹거나 마실 수 없다면 연명 치료는 절대 하지 마라."
어느 의사가 썼던 글이 떠올랐다. 가까운 날 '사전 의료전향서'만이라도 해야겠다.

또 한 사람, 젊은 시절 함께 근무한 인연이 있는 B 선생님도 연하의 후배다.
내가 모임을 탈퇴한 이후에도 가끔 나를 위해 연락을 해 온다. 집안에 박혀 꿈적하지 않은 나를 유혹하여 드라이브나 하자고 꼬드겨 불러낸다. 차도 마시고 맛집을 찾아 식사도 하고 한적한 산책로를 걸으며 마음을 나눈다. 그녀가 시간이 남아돌 만큼 한가하지 않다는 걸 알기에 더없이 고맙다.

햇볕 따스한 오후, 산책로 의자에 앉아 그동안 힘들고 아픈 이야기를 스스럼없이 꺼낼 수 있는 건 그녀가 넉넉하고 따스한 마음을 지녔기에 가능하다. 힘들 때 내 얘기를 들어줄 사람이 있다는 것은 얼마나 든든하고 위로가 되는지 알게 되었다.

완벽하게 행복한 사람은 없다는 걸 모르지 않는다. 다른 사람 눈에는 아무 걱정 없이 편안해 보여도 나름대로 아픔과 걱정을 지니고 산다는 것쯤은 알고 있지만 가끔은 세상 모든 고통을 혼자 껴안은 것처럼 느껴질 때가 있다.

그러나 그녀를 만날 때면 굳게 닫혀버린 내 마음은 금세 사르르 녹아 가슴속 이런저런 얘기가 술술 나오곤 한다.

그럴 때면 그녀는 마치 언니처럼 나를 다독여 주고 위로해 준다. 언제든 시간이 괜찮으면 연락하라며, 나의 일정에 맞춰 자신의 하루를 기꺼이 내어주는 그녀가 정말 고맙다.

# 명화 이야기

몸과 마음이 지칠 대로 지치고 우울증까지 더해지던 때, 인터넷 서점을 뒤적이다 우연히 『방구석 미술관』이 눈에 들어왔다. 문득 긍정적인 밝은 에너지를 주는 그녀가 떠올랐다. 그림을 좋아하고 미술 관련 일을 하는 그녀에게 딱! 이라는 생각이 들었다.

책을 펼치자 먼저 에르바를 뭉크의 〈절규〉가 들어왔다. 미술에 무지하고 관심이 부족한 탓인지 오슬로 국립미술관에서 뭉크의 〈절규〉를 마주했을 때의 충격이 떠올랐다. 그림의 가치에 놀라고 내로라하는 작가들의 작품 중에서도 뭉크의 절규를 가장 높이 평가한다는 점이다. 〈절규〉는 엄청난 보험에 가입되었을 뿐 아니라 그 작품 때문에 경비까지 강화되었다는 것이다. "나는 자신 심장을 열고자 하는 열망에서 태어나지 않은 예술은 믿지 않는다."라는 뭉크는 다섯 살 때 엄마의 죽음에 이어 누나의 죽음까지 겪으며 어린 시절부터 슬프고 절망적인, 정신적 불안정 상태의 삶을 살았다. 그동안 뭉크의 '절규'는 비호감이었지만 그의 인생을 이해하고 만나니 심장의 소리가 느껴졌다. 가장 불행한 예술가라 생각했던 뭉크를 명화 인문학 산책에서 민병일 작가는 쇼펜하우어의 말을 인용하여 고독을 자기 발견이나 내적 성장, 존재의 아름다움으로 승화시켜 세계인이 사랑하는 작가가 될 수 있었다고 하였다.

우리에게 너무도 친숙한 빈센트 반 고흐는 산토닌 중독의 부작용으로 황시증에 시달렸다 한다. 세상이 노랗게 보이는 증상은 노란색을 더 샛노랗게 보이게 한다. 고흐가 생명을 활활 태우며 꽃피운 대표작 해바라기가 그렇다.
누군가는 고흐가 녹색 악마인지 녹색 요정인지 모르겠다고 했다.
『방구석 미술관』을 읽은 후, 매주 교구에서 발간되는 주보에 실린 민병일 작가의 『명화 인문학 산책』 코너는 작가의 작품에 대한 이해를 깊게 해주고 새로운 앎에 희열을 느끼게 했다.
사별의 고통으로 힘들었을 때 J 선생님이 여행을 다녀오면서 선물한 고흐의 〈밤의 카페 테라스〉와 〈론강의 별 달밤〉 등의 소품을 만나면서 별에 대한 아련한 그리움은 커져만 갔다.
'별이 아름다운 것은 빛나기 때문이 아니라 우리를 꿈꾸게 하기 때문이다.'라는 작가의 명화 이야기도 가슴에 꽂혔다. 문학책을 즐겨 읽는 독서광이기도 한 고흐는 삶이 녹록지 않은 현실에서 예술과 인생을 고민하면서도 별을 보며 희망을 품었나 보다.

빈 예술계의 반항아이며 빈 표현주의를 연 구스타프 클림트. 그의 대표작 〈키스〉가 오랫동안 우리 집 쟁반 가운데 하나였지만, 무신경한 눈빛은 한 번도 제대로 보지 못했으니 한심하기 이를 데 없다. 아는 만큼 보이는 모양이다.
작가는 클림트의 '생명의 나무'를 소개하는 글에서 수많은 소용돌이 속에서도 삶은 나무처럼 변함없는 수직으로 견고하고 자기만의 방식으로 숭고하게 지속한다고 하였다.

반 고흐와 함께 우리나라에서 사랑받는 클로드 모네는 '미래로 가는 문을 연 남자'라는 칭호를 받고 있다. 19세기 카메라의 발명으로 화가들이 생존의 위협을 받을 때 모더니즘이라는 새 장르를 개척했을 뿐 아니라 우리가 보고 있는 건 사물에 반사된 빛일 뿐이라고 하였다. 연작 〈건초더미〉는 '빛'을 인생의 주제로 삼은 모네의 철학이 담겨있다.
모네는 아무도 관심을 두지 않던 들판의 단순한 건초더미를 빛을 통하여 재탄생시킨 것이다. 그래서 모네를 빛의 연금술사라고 말하는 것이 아닐까?
빛에 의해 우리에게 보이는 건초더미의 색깔이 조금씩 변한다는 건 당연하고 단순한 진리지만 누구나 가질 수 있는 생각은 아니다.
사과 하나로 파리를 접수 시킨 폴 세잔- 인류 3대 사과는 이브의 사과, 뉴턴의 사과, 그리고 세잔의 사과라는 말까지 유행시켰다니 그의 명성이 어떠했을지 짐작이 간다. 19세기 중반 이후 마네가 '미래의

회화로 가는 문을 발견했다면 모네가 그 문을 열고 세잔이 인상주의를 발전시켰다'고 한다.
그러나 시대를 앞서간 대부분 화가가 생전에 제대로 인정받지 못하고 힘든 삶을 살았다는 것은 안타까운 일이다.

20세기 초 삶을 예술의 용광로에 던져 새로운 회화를 창조해 낸 피카소가 형태를 강조한 입체주의라면, 세잔은 고지를 점령하고, 전설이 된 문제작 〈모자를 쓴 여인〉의 앙리 마티스는 야수를 그렸다는 비평가들의 말로 "야수파"라는 새로운 장르로 색을 중시했으며 종이 오려 붙이기 걸작을 탄생시켰다.
날아오르고 싶은 욕망을 지닌 인간에게 신은 날개 대신 꿈을 주었다는 작가의 멋진 평도 인상적이다.
'아방가르드 미술의 선도자'의 자리로 자존심 싸움을 하던 마티스와 피카소는 나이가 들어서는 절친이 되었다니 서로의 예술에 대한 깊은 존경 때문이 아니었을까?
'방구석 미술관'은 마침내 제 주인에게 돌아갔다. 며칠 동안 미술의 문외한인 나에게 화가들의 인생과 작품을 이해하게 해주는 스승이 되어준 셈이다.
주보를 통해 6개월 동안 작가의 인문학 산책을 만날 수 있었던 것도 그림에 대한 지평을 넓히는데, 좋은 기회가 되어주었다.

## 감사하며 기쁘게 살기

'걱정거리를 헤아리지 말고, 자신에게 주어진 축복을 헤아려보라.'라는 말에 머문다.

눈을 뜨면 제일 먼저 감사할 일을 떠올리며 아침 기도에 이어 빌 게이츠가 하루를 시작할 때 한다는 말을 주문처럼 따라 한다.

"오늘은 왠지 좋은 일이 있을 것 같아. 나(우리)는 할 수 있어."
마인드 컨트롤이다.

차를 마시며, 남편과 함께할 일상들, 때로는 이벤트도 만들며 감사할 일을 시작으로 얘기를 나눈다.

햇볕이 순한 시간, 제석산 아래 산책로를 걸으며 시시각각 변하는 자연의 모습에 감탄도 하고 벤치에 앉아 산새들의 지저귐을 들으며 휴식을 즐긴다. 더 할 수 없는 여유로움이고 행복이다. 하루 중 가장 마음이 평온한 시간이다.

예전에는 건강 때문에 의무적으로 걸었고 그 시간조차도 여유롭지 못했다. 그러나 지금은 누구도, 그 무엇도 우리에게 책임과 의무를 지우지 않는다.

산책로는 5월의 눈부신 향연을 펼친다. 백합나무 꽃의 은근한 아름다운 자태에 푹 빠지기도 하며, 지나가는 사람마다 무슨 나무가 저리도 예쁜 꽃을 피우는지 감탄한다. 처음에는 잎이 비슷해서 플라타너스도 이런 꽃을 피우나? 했는데 조금 떨어진 곳에 플라타너스가 구슬만 한 둥근 열매를 내보이며 다름을 알려준다. 아카시아와 이팝나무 꽃이 지는가 싶더니 얼마 전 피기 시작한 보랏빛 서양 수수 꽃다지도 지고 있다. 기후 변화로 개화 시기는 달라졌지만, 자연의 순리는 어김이 없다. 잡초라고 거들떠보지 않은 노란 괭이밥도 무리 지어 피어 있으니 여느 꽃 못지않게 사랑스럽다.

가막살나무는 이른 봄 잎눈이 피기 시작할 때는 무척 부드러워서 마치 아기 볼을 만지는 느낌이었다. 하지만 잎이 커지면서 드세지고 줄기 위에 연노랑 꽃 더미가 앉았다. 마치 꽃의 일생을 보는 듯하다. 2년 전 산책로가 정비되면서 옮겨 심은 전나무, 백일홍, 이팝나무 줄기가 굵어지더니 겨울을 지나면서 그새 몇 나무가 고사했다. 나무의 생도 인간과 별다르지 않다고 생각하며 마음이 숙연해진다.

수국 종류가 이렇게도 많다는 사실도 산책로를 여유롭게 걸으면서 알게 되었다. 산수국, 떡갈잎 수국을 비롯하여 렌디아, 라임라이트, 니그라, 핑크 아나벨 수국 등 종류의 다양함에 놀란다. 이름만으로도 우리 토종 아닌 꽃과 나무의 종이 많다는 사실에 놀랐다. 산수국의 파랑과 연노랑 빛깔의 조화가 얌전한 별당 아씨 느낌을 준다면, 연보랏빛 비비추의 은근한 매력은 마음조차 설레게 한다. 이름 모를 꽃들에게도 마음을 나눈다.

직장이나 아이들 챙기는 일이 무엇보다 중요했던 젊은 날은 시간도 경제적 여유도 없었지만, 지금은 우리 부부 일보다 우위에 둘 일은 없다. 늘그막 인생길에 함께 책을 읽고 이야기를 나누게 될 거라고는 생각지도 못했다. 책 읽기를 즐기지 않던 남편도 요즘은 독서의 맛에 빠져들어 나보다 더 진지하다.

특히 카네기의 『인간관계론』이나 『자기 관리론』을 읽으면서 책 읽는 즐거움을 많이 얻게 된 것 같다. 일흔이 넘은 나이에 부부가 함께한다는 것은 또 하나의 축복이다. 우리 나이에 혼자가 된 사람도 있고 병원 침대에 누워 창 너머로 산이며 구름 등 자연을 바라볼 수밖에 없는 사람, 물 한 잔도 혼자 힘으로 마시지 못하는 사람이 얼마나 많은가? 노 철학자는 노년이 되어서야 생각이 깊어지고 행복이 무엇인지 알게 되었다며 젊은 날로 돌아가고 싶지 않다고 했다. 그래서 인생의 절정기는 인생의 매운맛, 쓴맛 다 보고 인생의 소중함이 무엇인지 아는 60대 중반 이후라고 했다.

젊었을 때는 봉급날 기다리기 일쑤였고 아이들 교육비며 부모님 용돈도 부족하여 주위에서 빌릴 때가 많았다. 그러나 지금은 고마운 이들에게 부담되지 않은 작은 선물을 할 수 있고 충분하진 않지만, 어려운 곳에 후원금을 보낼 수 있을 만큼의 여유가 생겼다.

예전에는 경제적으로 여유 있고 사회적으로 성공한 사람이 부러웠다. 솔직히 그로 인한 스트레스도 많았다. 그러나 인생이란 누구에게나 자신만의 특별한 삶이 있음을 알게 되었고, 다른 사람과 비교하는 것만큼 어리석은 일이 없다는 것도 알았다.

남편이 예전처럼 건강한 건 아니지만, 마음을 비우고 나니 이만큼의 건강은 축복이라는 생각을 하게 된다.

가곡을 들으며 차를 마시고 남편과 채소를 다듬기도 한다. 고등학교 시절 음악 시간이면 선생님은 가곡을 들려주고 가끔은 직접 부르기도 하면서 교과서에 실리지 않은 아름다운 수많은 가곡을 가르쳐주셨다. 그 시절 듣고 따라 불렀던 가곡은 이 나이에 향수처럼 아련한 그리움이다. 소소한 이런 일상이 바로 행복이라는 사실을 깨닫게 되었다.

하지만 항상 감사하며 기쁘게 사는 것만은 아니다.

언젠가 지인과 인생에 대하여 설전을 벌인 일이 있다. 그는 인생은 공평하다고 했고 나는 공평하지 않다고 했다. 여전히 그 점에 대해서는 사람마다 상황이 다르니 단정할 수 없겠지만, 어쨌든 인생은 마칠 때까지 알 수 없다는 점에서는 공감했다. 기록이나 실력에서 우승을 확신하던 마라토너도 완주선을 통과하기 전까지 우승을 장담할 수 없는 것처럼 말이다.

고맙게도 남편은 지금 상황을 받아들이고 매사에 감사하는 긍정적인 성품을 지녔다. 어디서 읽었는지 모르지만, 생각나는 글귀가 있다.

'다그치지 않고 자상하게 일러주고 일으켜 세우면서, 넉넉하고 큰 나무 같은 동반자가 되어, 있는 그대로의 지금을 인정하고 감사하며 받아들이자.'

그리하면 어떤 상황에서도 기쁘게 살 것이라 했다.

## 행복한 동행

자녀들과 함께한 여름휴가 2박 3일의 제주도 여행, '행복한 동행'이다. 비행기를 처음 타게 되는 손자와 손녀는 공항에 도착하자마자 비행기 타자고 재촉이다.

구정 때 가족이 모인 자리에서 여행에 대해 넌지시 운을 떼었다. 화목을 다지고 싶은 바람이다.

여행 마니아인 사위가 바쁜 중에도 여행지와 세부 일정. 숙소와 맛집 그리고 렌터카 등을 맡았다. 비가 온다는 제주 날씨는 도착과 함께 화창하게 개었다.

렌터카를 인계받아 함덕. 조찬 해안도로를 따라 달리니 마음마저 상쾌하다. 여행하기 최상의 날씨다. 맛집 정보까지 꼼꼼히 조사해 온 터라 일정은 순조로웠다.

점심은 맛과 영양이 풍부한 전복구이와 전복죽이다. 냉방 시설은 미흡했지만 역시 맛집이다. 처음 들린 곳은 성산 일출봉, 몇 번 다녀온 곳이지만 올 때마다 새롭다. 이것이 여행의 묘미다. 계절이나 날씨,

동행한 사람이나 그날의 마음 상태에 따라 느낌이 다르다.
중국 관광객이 눈에 많이 띈다. 삼삼오오 짝지어 사진 찍느라 기다리는 사람은 안중에도 없고 웃고 떠드는 모습이 얼굴을 찌푸리게 한다.
나는 해외여행 때 그곳 사람들에게 어떤 인상을 남기고 왔을까? 행동거지에 조심하여 나라를 부끄럽게 하는 일이 없어야겠다.
코코몽에코파크는 평일이라 한산하다. 어린이들이 좋아하는 곳이라는 점을 이용하여 성인까지 많은 입장료를 내야 하는 건 시정되었으면 싶다.
저녁은 제주의 별미 흑돼지 오겹살구이다. 솥뚜껑 한쪽에 젓장이 놓여 있는 것이 낯설다. 그런데 웬걸, 먹을수록 자꾸 손이 간다. 이런 게 중독성인가 보다.
숙소는 중문 관광단지와 가까운 바닷가 포구마을 대평리에 있는 '발산 올래'이다. 바다와 산에서 이름을 따왔다 한다.
아이들은 피곤한지 일찍 잠이 들고, 우리는 짙게 어둠에 싸인 바다를 마주하고 맥주를 마시며 정담을 나누었다.

둘째 날은 아침을 먹고 조랑말 체험이다. 가시리는 바람이 많은 지역이라더니 풍력발전기가 눈에 많이 띈다. 아이들이 과연 말을 탈 수 있을지, 도중에 무섭다고 울지나 않을지 걱정되었다. 그런데 머리카락이 하늘로 솟을 만큼 말이 뛰는데 깔깔대며 웃는 소리가 입구까지 들린다. 아쉬워하는 아이들 때문에 이용료를 추가로 지급하고 더 탈 수 있게 했다.

이곳은 조랑말 박물관과 말을 주제로 한 작가들의 작품도 감상할 수 있는 복합 문화공간이다.

여행을 마치고 아이들에게 가장 재밌었던 일을 물었을 때 말 탄 일이라고 했다. 여행에는 먹는 즐거움도 한몫한다. 점심은 옥돔과 갈치구이다. 그곳을 다녀간 사람들의 음식에 대한 평이 벽면을 가득 채우고 있었다.

개인적으로 이번 여행에서 가장 인상 깊은 곳이 실내 멀티 공원인 프시케 월드이다. '프시케'라는 말은 영혼 또는 나비를 뜻하는 말이며 로마 신화에 나오는 아름다운 여인이다.

프시케 스토리움은 동양 최대 나비 박물관이다. 실제 나비와 곤충을 패러디 미니어처로 꾸며진 스토리물은 감동이다.

사마귀 마을에서 지붕 작업하는 곤충들, 게임을 하는 곤충들, 고스톱 하는 곤충들…. 이야기를 공유한다는 점이 인상적이다.

운 좋게도 이곳에서 네셔널지오 그래픽 창간 125주년 사진전이 열리고 있다. 탐험과 발견, 문명의 발자취, 야생의 자연 등 우리가 경험할 수 없는 세계를 사진을 통해 볼 수 있었다. 놀라움과 신비함, 아름다움을 넘어서 섬뜩함까지 잠시도 눈을 뗄 수 없다.

생명의 위험을 감수하고 미지의 세계를 탐험하며 촬영한 거장들의 작품 앞에서 경외심으로 숙연해졌다. 애완견 정원은 아이들이 좋아하는 귀엽고 예쁜 동물들을 가까이에서 만날 수 있었다. 처음에는 선뜻 다가가지 못하고 머뭇거리던 아이들은 서로 먹이를 주겠다고 야단이다. 신비롭고 환상적이던 동화의 세계에서 깔깔대며 좋아하던 손자와 손녀들. 세상에 아이들만큼 완벽한 사랑스러움이 있을까? '세상이 아름다운 것은 아이들 때문이다.'라는 말이 맞는 것 같다.

세계 자동차 박물관은 아시아 최초 개인 소장 박물관이라고 하는데 전 세계에 6대뿐이라는, 힐만을 비롯해 90여 대를 볼 수 있었다. 현재 우리나라는 자동차 강국이지만 100여 년 전만 해도 상상도 못 한 일이다. 칼 벤츠가 세계 최초로 만든 휘발유 내연기관 자동차는 마차와 비슷하다. 스스로 움직이는 바퀴 달린 물체를 보고 사람들이 놀라서 달아나고 경찰서에 신고까지 했다니…. 불과 120년 전 일이다.

부모와 함께하는 교통 체험에 손자 주호가 가장 신났고, 두 살 누리까지 좋아하는 걸 보면 직접 체험이 아이들에게는 가장 신나는 일이다. 잠수함을 탈 때는 막내 누리의 울음이 내내 멈추지 않아 모두를 긴장시켰다. 바닷속은 참으로 매혹적이다. 다양한 해조류와 바위에 붙어 있는 전복, 불빛을 따라 떼 지어 몰려다니는 멸치 떼, 한곳에 머물며 자리를 떠나지 않는다는 자리돔과 줄돔, 이름 모를 물고기 떼…. 스쿠버 다이어 쇼를 관람할 때 아이들이 신기해하던 눈빛.

다음은 세계 최대 연산호 군락지. 이곳 '문섬'은 유네스코 생물권 보존지역이며 천연보호구역이다. 아름다움을 고스란히 지켜나갈 수 있음은 30m 깊은 바다에 위치하기 때문이다. 가장 깊은 40m 해저에는 침몰한 난파선이 푸른 이끼에 덮여 뼈대만 남은 체 물고기들 놀이터가 되고 있다. 바닷속도 바깥 날씨 영향을 받는다는 사실도 알았다. 마지막 여행코스는 아이들이 좋아하는 협재해수욕장의 물놀이다.

물놀이 준비까지 해왔는데 바닷물에 발이라도 담가야 하지 않겠는가? 바라보는 것만으로도 한없이 편안해지는 마법을 지닌 바다. 물이 빠진 해수욕장 모래사장은 아이들의 놀이터로 그만이다. 물빛은 동해 못지않게 맑고 푸른 에메랄드빛이다.

모래집을 짓고 물에 뛰어들다가 떠내려온 기다란 미역 줄기를 해변까지 끌고 나와 소리치며 좋아하는 아이들.

바다에서 지체되는 바람에 공항 가는 내내 불안했던 걸 제외하고는 가족 간의 행복한 동행이었다.

십여 년 전, 우리들의 '행복한 동행'은 지금은 그리운 추억이 되었다.

## 힘이 되어준 세 사람

3년 만에 마주하는 그녀의 편안한 미소에 마음이 따스해진다. 배려가 담긴 따스한 눈빛과 음성은 지친 내 영혼을 깨우고 위로를 하는 것 같았다.
얼굴은 예전 그대로인데 그녀에게서 무언가 알 수 없는 빛이 느껴졌다.
"선생님을 뵈니 뭐라고 표현할 수는 없지만, 제 마음이 이상하게 편안해져요."
그녀는 웃으며 말했다.
"정말요? 지인들도 제가 예전보다 많이 편안해 보인다고들 하네요."
그녀는 딸 중학교 때 담임 선생님이다. 딸이 광주 중등 임용에 합격하였을 때 누구보다 기뻐하며, 영어 교사에게 필요한 책자와 자료를 한 상자나 가득 실어 보내셨다.
딸이 건강에 문제가 생겼을 때는 손수 황토 염색한 속옷을 만들어주시고, 전자 제품이나 핸드폰도 가까이하지 말라는 세심한 당부까지 하셨다.

4년여 투병하던 딸이 세상을 떠났을 때 차마 연락할 마음의 여유가 없었다. 100여 일쯤 지나 늦게야 딸 소식을 들었다며 장문의 편지와 함께 손수 염색해 만든 스카프를 소포로 보내왔다. 루치아에 대한 슬픔, 그리움은 마음 깊이 감추고 가만히 한 번씩 꺼내 보시고 남편이나 아들, 외손녀 앞에서 밝게 살아야 하는 이유를 조목조목 써 보내셨다.

그런가 하면 손수 쓰신 "가슴 뛰는 삶을 살아라."라는 액자를 만들어 주시기도 했고, 따뜻한 날이면 손녀와 함께 야외활동을 하라며 당신이 만든 예쁜 베 가방에 찬그릇까지 챙겨 넣어주셨다.

슬픔이나 좌절에 주저앉지 말고 꿋꿋하게 희망을 찾고 고통 중에도 진정한 기쁨을 일구어내는 강인한 어머니, 할머니가 되어야 한다고 몇 번이고 강조하셨다.

"제 얼굴이 예전보다 편안해 보인다고 하셨죠? 매일 감사 거리를 찾으셔요. 누구에게나 넘치게 많지만 갖지 못한 것, 부족한 것만 생각하는 거 같아요."

"일어나면 제일 먼저 거울을 보고, 억지로라도 입꼬리를 위로 올리며 웃는 표정을 지으세요. 몇 달만 그렇게 하다 보면 표정이 바뀌어요. 뇌가 기분 좋은 느낌을 느끼게 된다네요."

그녀는 나에게 웃는 얼굴을 매일 핸드폰으로 사진을 찍어 보라고 했다. 그러다 보면 자신감이 생기면서 쑥스러움도 없어지며 표정이 바뀌고 성격도 자연스레 밝아진다고 했다. 용기 내어 몇 번은 했지만, 작심삼일이 되고 말았다.

딸이 떠난 지 6년이 지났지만, 여전히 선한 영향력을 주시는 나의 멘토이다. 우울한 날이면 누구에게도 할 수 없는 얘기를 할 수 있는 유일한 사람이다.

딸 루치아와 손녀 미카엘라 대모가 되어준 신티아 자매님은 딸과 같은 학교에 근무하신 분이다.
딸이 우리 곁을 떠나 하늘나라로 갔을 때, 꿈에 자주 대모님을 찾아왔단다.
떠난 지 며칠 안 되어 예쁜 옷을 입고 학교에 왔더란다. 반가운 마음에 "다시 우리 학교에서 함께 지내는 거야?"라고 물었더니
"아니요. 금방 가야 해요." 고개를 젓더란다. 꿈이 깼을 때 너무 슬프고 아쉬웠다고 했다.
캄보디아 봉사 갔을 때는 꿈에 대모에게 부탁이 있다며 우리 집에 와달라 했단다.
　"엄마, 아빠 정말 미안하고 고마워요."
　"오빠와 새언니도 미안하고 고마워요."
이렇게 말하며 꼭 전해 달라고 당부를 해서 침대 옆 탁자 위 메모지에 써두었다고 했다.
딸이 떠난 후 가끔 대모님과 만나 식사도 하고 차도 마시며 얘기를 나눈다.
루치아에 관한 이야기, 미카엘라 학교생활에 관한 이야기까지…. 매일 아침 기도에 우리와 함께한다고 하셨다.

루치아 기념일을 잊은 일이 있다. 남편에게 건강상 문제가 생겨 내 정신이 온전치 못했을 때다.

"어머니, 오늘 많이 힘드시죠? 학교 끝나면 제가 그쪽으로 갈게요."
전화를 받고서야 그날이 루치아 결혼기념일이라는 걸 떠올렸다. 어쩌면 생각하기 싫은 날이지만, 여태 잊은 적이 없었다.
또 미카엘라 생일이나 어린이날은 책이나 꽃다발을 챙기는 걸 잊지 않으신다.

"훗날 어머님이 안 계셔도 미카엘라 신앙문제, 진로문제나 이성 문제에 관해 조언도 해주고 싶어요."
루치아는 자신이 빨리 떠날 걸 알고, 든든한 후원자를 우리에게 연결해 주었을까?

딸이 떠나고 주변에서는 사부인과 거리를 두라는 사람이 많았다.
그동안 사돈 이상으로 우리는 가까이 지냈다. 딸이 투병하면서 손녀와 함께 우리 집에서 지내는 날이 많았고, 사부인은 수시로 딸아이 건강에 좋은 음식이나 식자재를 준비해 오셨다. 친정엄마 못지않은 지극정성이었다.
사위가 재혼했으니 당연히 거리를 두는 게 새로 들어온 사람에게도 어른이 가져야 할 도리라고 생각했다.
그러나 사부인의 생각은 달랐다. 외할머니가 손녀에게 가장 든든한 버팀목인데, 가뜩이나 마음이 허할 아이가 우선이라는 것. 다른 사람 생각이나 말에 흔들리지 말자며, 우리 관계는 조금도 달라질 게 없다고 못 박았다.

딸이 떠난 후에도 김장김치며 된장 고추장 등 늘 우리 몫을 챙기셨다. 남편이 쓰러지고 재활병원에 입원해 있을 때는 마치 가족처럼 반찬을 해 날랐다. 더구나 코로나 시기라서 면회도 안 될 때인데 출입구에 맡겨두고 가셨다. 그곳에서 근무하는 사람들이 관계를 묻기도 하고, 닮지도 않았는데 대단하다고 하셨다. 어려운 시기였지만 사부인 덕분에 제대로 먹고 힘든 시기를 이겨냈다.

사부인은 맛있는 음식을 먹으러 가자 하시며 가끔 우리 집으로 오신다. 우리가 운전을 못 하니 집까지 오시고 데려다주시는 번거로움도 마다 아니 하신다.

내 얼굴이 안됐다며 당신이 드시는 귀한 약까지 챙기시는가 하면 생김치를 좋아하는 걸 아시고 식사 때 드시라며 부리나케 달려오기도 한다.

귀한 식자재가 생기면 남편 해주라고 가져오시는 일도 많다. 가까운 곳도 아닌, 담양에서 광주까지 달려오신다. 내가 고맙고 미안한 마음에 "사부인이 전생에 제게 빚을 많이 지셨나 봐요." 하고 말하면 "그럼요, 그래서 열심히 갚아야 한답니다." 하며 웃으신다.

연하年下지만 마음 씀이 마치 언니 같다. 하늘나라에서 딸이 우리 모습을 보고 빙긋이 웃을 것 같다.

## 9시에 오는 전화

저녁 9시를 전후하여, 매일 울리는 남편의 핸드폰. 3년이 지나도 변함없이 울리는 발신자는 큰동생이다. 매형의 안부를 묻는 전화다.

"매형, 오늘은 어떻게 지내셨어요? 날씨 좋던데 산책은 다녀오셨어요?"

"오늘은 비가 와서 종일 집에 계시기 지루하셨지요?"

"미세먼지가 심하니 나가지 마시고, 누님이랑 집에서 자전거 타시고 맛있는 것 드십시오."

"으응, 이 국장도 잘 지내지? 농장에 꽃도 예쁘게 피었겠네."

남편은 큰동생을 처남이라 부르지 않고 이 국장이라는 호칭을 쓴다. 시청에서 서기관으로 퇴임했으니 국장이라는 호칭이 틀린 건 아니다. 대부분 생활을 곡성 농장에서 보내는 동생 부부는 오래전 준비해 둔 주택이 딸린 땅을 사서 직장에 다닐 때는 주말을 이용하여 관리하고, 퇴직 후에는 아예 거처를 그곳으로 옮겼다. 동생네는 손수 황토를 이겨서 구들이며 벽을 바르고, 연못을 비롯하여 꽃길도 조성했다. 동생

댁도 기술원에 근무한 경험을 살려 농지에 다양한 종의 채소를 가꾸어 영상을 올려 초보 농부들에게 도움을 주고 있다.
혜우가(동생네 시골농장)는 방송에도 몇 번 나올 정도로 유명세를 치렀다.

4여 년 전 남편이 뇌경색이 온 후, 동생은 해외여행 중이거나 먼 곳으로 출타할 때가 아니면 하루도 빠지지 않고 전화를 한다.
나에게 할 얘기도 일단 매형에게 전화한 후 바꿔 달라고 한다. 매형에 대한 배려다. 쓰러지던 날까지 직장을 다니며 활동하던 남편은 시간이 지나면서 친구며 지인들과의 관계가 조금씩 소원해졌다. 그만큼 입지가 좁아진 탓이다. 당연한 일이지만 하루에 몇 통씩 오던 전화는 날이 가면서 차츰 뜸해졌다.
동생은 나 못지않게 그 점을 안타깝게 여겼다.
화순병원 진료 등 차가 필요한 날이면 동생은 만사 제쳐 두고 곡성에서 새벽같이 우리 집으로 온다.

대부분 일상적인 안부 전화지만, 남편이 영화를 보고 쇼핑하고 맛있는 점심도 먹었다고 하면 마치 자기 일처럼 기쁘게 반응해 준다.
 "잘하셨어요. 누님이랑 자주 바깥나들이 하시고 맛있는 식사도 하세요."
곁에서 듣고 있으면 남편은 한 이야기를 또 하지만 언제나 처음 듣는 것처럼 배려하는 마음이 느껴진다.

"우리 이 국장 같은 사람은 세상에 또 없을 거야."
전화 올 시각이 가까우면 남편은 얼른 일지를 다시 점검한다. 뇌경색 후유증으로 단기기억이 어렵기 때문이다. 다행히 남편은 하루도 빠짐없이 일지를 쓴다.
시작은 내가 했지만, 지금은 스스로 일지 쓰는 게 일상이 되었다. 남편은 일지 쓰는 것에 대해 스스로 뿌듯해하며 자부심이 크다. 기상하여 기도하고 아침 운동하는 것을 시작으로 식사시간, 산책과 인지 활동, 전화 발신과 수신, 독서내용까지 꼼꼼히 기록한다. 가끔은 잠자리에서 일어날 때, "오늘 이벤트에 대해 브리핑하시오." 라며 농담으로 하루를 시작한다.
"매형, 오늘은 뭐 특별한 일 없으셨어요?"
"오늘은 함께 운동하던 후배들이 연락이 와 맛있는 점심을 먹었네."
특별한 이벤트가 있는 날이면 목소리도 한결 밝다. 그래서 특별한 일이 없는 날은 근처 찻집이나 식당을 자주 찾는다.

전화를 못 하게 되면 반드시 다음날 일찍 전화가 온다.
"어제는 모임이 늦게 끝나 매형 주무실 시간이라 전화 못 드렸어요."
내 동생이어서가 아니라, 이런 동생이 또 있을까 싶다. 아마 오빠였다면 어땠을까? 가끔은 힘들다고 주저리주저리 읊으며 엄살을 떨었지 싶다.
오빠 아닌 게 정말 다행이다.

## 우연히 인연을 만나면

건널목 앞에서 녹색 불을 기다리다 K 교수님으로 보이는 그분을 또 만났다. 벌써 세 번째다. 망설이다 용기를 내었다.
 "교육대학에 근무하시던 K 교수님 아니신지요?"
그분은 그렇다고 말하며 나를 빤히 쳐다보았다. 그동안 몇 번의 만남을 기억한다면 새삼 아는 체하는 내가 이상했을 것이다. 72년도에 졸업했다는 것과 교수님이 지도교수였다고 말씀드렸다.
 "그렇군. 낯이 익는다고 생각했지. 이제 나도 여든이 훌쩍 넘었네."
교수님도 나와의 스침을 기억하고 계셨다. 나는 2년 전 명퇴하고 손자를 돌보고 있다는 묻지 않는 얘기를 했다.
 "벌써 그렇게 됐나? 세월 참 빠르네그려."
교수님은 아파트 단지 1차에 사시고 나는 2차에 살고 있으니 이웃인 셈이다. 1차 후문과 2차 정문이 마주하고 있어 언제든 만날 수 있고 찾아뵙는대도 어렵지 않은 거리다. 막상 인사를 하고 나니 묵은 채기가 내려가듯 마음이 가뿐하다.

K 교수님을 처음 만난 건 지난 여름이다. 손자를 유모차에 태우고 1차 후문 나무 그늘을 찾았는데 벤치에 앉아 쉬고 계셨다. 20대 초반 싱그럽고 풋풋한 제자는 유모차를 밀고 있는 할머니가 되었고 건장하고 자신감 넘치던 40대 멋진 교수는 얼굴은 검버섯으로 덮인 등 굽은 노인이 되었다. 교수님을 보면서 솔직히 이 상황을 피하고 싶었다. 다른 이들도 오래된 인연의 누군가를 만나면 아는 체해야 하나? 하는 선택의 순간에 설까? 내 제자 중 누군가도 나를 만났을 때 이런 기분이었을까? 그런 생각이 들면서 씁쓸했다. 자신의 사회적 지위나 상황이 좋으면 아는 체하기가 훨씬 쉬울 것이다. 또 상대가 좋은 기억으로 남아있다면 달려가 덥석 손이라도 잡을 것이다. 그러나 아무리 좋은 관계였더라도 자신의 상황이 좋지 않다면 피하고 싶을 것이다.

상민이는 초임 때 제자이며 군 제대 후에도 집에 와서 밥도 먹고 우리 아이들과도 놀아주던 각별한 제자였다. 그러나 언제부턴가 연락이 끊어졌고 나도 사는 게 바빠서 그동안 상민이를 잊었다.

다른 제자에게서 상민이가 마트에서 나를 보고 피했다는 이야기를 들었을 때 많이 서운했다. 하지만 사업 실패에 이혼까지 한 자신의 모습을 밝히기 어려웠을 것이라고 이해가 되었다. 영순이도 휴게소에서 자신에게 호떡을 사는 나를 짐짓 모르는 체했다는 얘기를 다른 제자에게 들었다. 상민이나 영순이가 자신의 상황이 좋지 않아 나를 피했다면 나는 왜 K 교수를 피하고 싶었을까?

할머니가 되어 유모차를 밀고 있는 자신을 드러내고 싶지 않은 마음이 컸던 걸까?

솔직히 교수님에 대한 기억이 별로 없다는 생각도 들었다. 지방에서 올라온 내성적인 성격의 나는 교수님과 변변한 대화 한번 했던 기억이 없다. 반면에 광주에서 학교에 다닌 친구들은 교수실을 들락거리며 친하게 지냈다.

그러나 정말 중요한 이유는 세월과 함께 너무 많이 변한 교수님의 모습이다.

큰 키에 당당하고 자신감 넘치던 교수님의 모습이 세월과 함께 많이 변해 있음도 이유 중 하나다. 혹시나 건강이 안 좋으셨을지 모르겠다는 생각도 들었다.

교수님에게 비친 제자의 모습은 어땠을까? 아마 나도 마찬가지로 그렇게 예쁘게 나이 들어가고 있는 모습은 아니었지 싶다.

함께 늙어간다는 동질감은 스승과 제자 관계에 있어서 그다지 유쾌한 일이 아닌 듯하다.

첫사랑에 빗대어 비교하면 어떨까?

첫사랑은 우연이라도 만나지 않는 것이 좋다고 했다. 추억은 가슴에 담고 확인하지 않는 것. 추억 속 풋풋하고 아름다운 모습으로 기억되다가 만나는 순간 그 환상은 여지없이 깨지기 때문이다. 피천득 선생도 인연이란 글에서 아직 싱싱하여야 할 젊은 나이의 아사코가 시들어가는 모습을 보고 "세 번째는 아예 만나지 않는 편이 좋았을 것이다." 하지 않던가?

그동안 인연을 맺은 수많은 제자와 동료들, 우연히 마주치면 마냥 반갑기만 하겠는가? 더러는 피하고 싶고 알은체하기 부담스러울 때가 종종 있다. 상황이 안 좋아서도 그럴 수 있고 상대에 대한 기억이 그다지 좋지 않아서도 그럴 수 있다. 또 교수님에 대한 내 경우처럼 편안하고 곱게 나이 들지 못한 모습 때문에 피하고 싶을 수도 있다. 그런데 감히 이런 희망을 품어본다. 우연히 어느 곳에서든 인연이 되었던 사람을 만나게 되면 상대가 그 누구든, 상황이 어떻든 달려가 덥석 손이라도 잡으며 진심으로 반길 수 있었으면 좋겠다.

제4부

그리움이 가슴에 쌓이네

## 루치아 어머님

평화로운 아침입니다.
곱고 아름다운 발자취를 남기고 간 루치아
생각만 해도 가슴이 절절해집니다.
어찌 어머님 마음을 헤아릴 수 있겠습니까마는
루치아 영혼이 자유롭고 평안할 수 있도록,
루치아의 효심을 생각하고 보물 누리를 위해
슬픔을 미소로 이겨내는 노력이 필요할 때입니다.
- 중략-
루치아에 대한 그리움은 가슴속 깊은 곳에 따뜻함으로 숨겨두고
비밀스럽게 꺼내 보는 지혜가 필요할 것입니다.
눈감기 전에는 애틋하고 사랑스러운 기억을 어찌 잊을 수 있겠습니까?
루치아 아빠나 오빠도 표현할 수 없는 슬픔을 간직하고 살아갈 테지요.

어머님은 남은 가족들의 마음까지도 헤아리고 돌보아야 합니다.
하루에 거울을 보며 입꼬리를 100번씩 올리십시오.
눈가가 적셔지고 눈물이 흐를지라도 억지로 미소 지으십시오
그러기 위해 인내의 연습이 필요합니다.
밝음이 밝음을 만듭니다.
무엇보다 어머님이 밝아야 할 중요한 이유는 누리 때문입니다. 누리가 구김없이 자라려면 가정은 늘 밝은 웃음, 즐거운 노래가 흘러나와야 합니다.
정신 바짝 차리고 지금 당장 크게 웃으시고, 운동도 하며 좋은 음식 드시고 절대 울적하게 시간을 보내시면 안 됩니다. 미친 듯이 즐겁게 사셔야 합니다.
훗날 루치아를 만날 거라는 믿음으로, 멋지게 자란 누리를 흐뭇하게 바라볼 수 있는 영광의 그날을 그려보십시오. 그리고 힘을 내셔야 합니다.

우리는 강인한 어머니입니다.
척박한 교단에서도 아이들의 성장을 기쁘게 바라보며 잡초처럼 살아왔습니다.
어떠한 시련도 주님과 함께라면 이겨낼 수 있습니다.
저는 이제 리드비나 형님의 미카엘라 자매로 살려고 합니다. 훗날 누리가 더 많이 자라면 우리 셋이 여행도 다니는 그런 날을 꿈꿉니다.
자주 루치아와 누리를 생각하며 기도하겠습니다.

힘드시겠지만 저는 리드비나 형님이 반드시 잘 이겨내실 것을 믿습니다.
두 손 모아 간절히 기도합니다,

- 딸 중학교 때 담임 J 선생님 편지 -

# 마흔 생일에 쓴 편지

딸 루치아의 마흔 살 생일날 아침, 이승의 나이만큼 촛불을 켜고 조촐한 생일상을 차린다. 가끔은 네 병을 일찍 알아채지 못한 나를 자책하고, 때로는 어린 딸 남겨두고 부모 앞에 떠난 너를 원망도 한다.
마흔이 되면 석류회 친구들과 함께 멋진 여행 떠나기로 약속했다며 즐거운 목소리로 재잘대던 네 모습이, 오늘따라 더 그립다. 캄보디아로 봉사 떠난 대모님 꿈에 네가 나와서 전해 달라고 부탁했다는 말을 메일로 보내왔구나.
"엄마, 아빠 고마워요. 그리고 미안해요." 또렷하게 말하던 네 목소리가 선명하게 들려서 현실처럼 느껴졌다는 대모님 말을 생각하고 또 생각했다.
엄마도 너에게 미안한 게 참 많아. 처음 네가 증상을 말했을 때 대수롭지 않게 넘기고 바로 병원을 가지 않아서 병을 키운 게 가장 후회된다. 언제나 긍정적이고 밝은 네 안에 그런 병이 똬리 틀고 있을 거라고는 생각조차 못 했으니 참 미련한 엄마다.

오늘은 혼자 버스를 타고 추모관에 갔다. 아빠와 일요일 다녀왔지만 혼자 너를 만나고 싶었다. 그곳에는 네 또래 젊은 부모도 있고 더 어린 동생들도 있다. 자식을 먼저 보낸 부모의 마음이 되어 그들의 안식을 위해 기도하고 이승의 이런저런 얘기도 전한다. 그런데 누리 아빠 얘기는 하기가 어렵구나. 이승의 인연 다 잊으라는 말 밖에. 세상에 영원한 것은 없다. 그러나 네 딸에게는 수호천사가 되어 슬플 때는 위로해 주고, 위험으로부터 지켜달라고 부탁하고 싶다.

누리가 학교에서 선생님들의 사랑과 칭찬을 받으며 예쁘게 자라고 있는 거 알고 있니? 네가 살아있다면 "엄마, 엄마~! 우리 누리, 시 낭송 금상이래. 과학 행사 그리기도 금상이야. 노래도 얼마나 잘하는데…. 친구들에게 인기도 제일이래." 숨넘어가며 자랑하느라 바쁠 텐데 그 자랑도 할 수 없겠구나. 네 사진을 보며 얘기한다. "수녀 교장 선생님과 편지를 주고받은 일이 있어. 누리가 예의 바르면서도 당차고 자신감 있는 아이라고 칭찬하더라. 그리고 담임 선생님께서도 반 아이 엄마들이 누리가 누구네 아이냐고 물으며 부러워하더란다."

평일이라 추모관은 한산했고 너에게 많은 얘기를 할 수 있었다.

"우리 딸, 하느님 대전에서 안식 누리고 있지? 엄마와 아빠는 네가 예쁘고 사랑스러운 선물 누리를 남겨주어 살아갈 힘이 되고 있단다. 너를 보듯 네 딸을 보며 위안받고 웃기도 한다. 네 딸마저 없다면 널 보내고 어떻게 하루하루 살아갈 수 있었겠느냐?"

"세상에서 할머니가 젤 좋아~ 사랑해. 하늘만큼 땅만큼." 하며 내 가

숨에 파고들 때, 더 오래 누리 곁에서 힘이 되어야겠다고 생각한다. 죽을 만큼 힘들어도 살아야 할 한 가지 이유가 있다면 살아진다는 말이 맞는 것 같다.

거자일소去者日疎라는 말처럼 떠난 사람은 날이 갈수록 잊히는 법이다. 그러지 않고서야 어찌 살 수 있겠느냐?

슬퍼하고, 아파하고, 한숨짓는 것. 이 또한 삶이더라.

완전한 고통도 완전한 기쁨도 없다는 말이 맞는 것 같다.

'인연이 있을 때는 함께하고, 인연이 끝나면 그대로 놓아두어라. 아쉬워하지도 애달파 하지도 말아라.' 그 말이 마치 나에게 하는 말 같구나. 네 딸을 위해서라도 현실을 받아들이고 아픈 기억에서 벗어나 밝은 마음으로 살아갈게.

## 추억은 떠나지 않아

Time Flies And Never Returns
Memory Stays And Never Departs.
시간은 흘러 다시 돌아오지 않으나
추억은 남아 절대 떠나지 않는다.

그래, 지난 시간은 결코 다시 오지 않겠지. 하지만 우리가 함께한 시간 안에서 공유한 수많은 추억을 어찌 떠나보낼 수 있으랴!
1주기 때 네 남편이 앨범 한 권을 만들어주더라. 우리가 갖고 있지 않은 사진이라면서.
아프기 전 네가 활짝 웃고 있는 모습이 얼마나 예쁘던지…. 어린 딸을 바라보는 엄마의 충만한 기쁨과 행복이 담겨있는 미소도 눈부셨지. 무심한 성격이 가끔 서운한 적도 있었지만, 속 깊고 신중한 네 남편이 고마웠다. 내 마음이 무너지듯 네 남편 또한 그런 날이 얼마나 많았을까? 철이 든 아이처럼 벌써 어른들 마음 헤아려 엄마 얘기를 잘 꺼내지 않는 네 딸, 누리는 친구들이 엄마 손 잡고 다정하게 얘기하며 걸어가는 모습을 보며 엄마가 얼마나 보고 싶을까?
격식 없이 제를 지내고 네 딸에게 노래 한 곡 엄마에게 불러 달라고 했지. 네 딸의 맑고 고운 목소리가 작은 제의실을 가득 채웠어. 네 딸인들 노래하고 싶지 않았을 터인데 네가 듣기라도 하듯 들려주고 싶었다. 네 딸 누리 눈에 설핏 눈물이 보일 때 후회했단다. 어린 마음으로 엄마에 대한 그리움이 오죽했을까? 늙은 어미의 어리석은 욕심이 부끄러웠다.

네 남편은 누리가 입학하기 전 엄마 얘길 하려고 멀리 타히티까지 여행을 갔지만 끝내 말을 못 했다더라.
입학을 앞두고 차에서 조심스럽게 엄마 얘기를 꺼냈다는구나. 그 얘길 듣고 누리가 얼마나 슬피 울던지 집에 들어오지도 못하고 한참을 배회했다더라.
그날 밤 네 딸이 내 가슴에 얼굴을 묻고 울면서 묻더라.
 "왜 우리 엄마만 하늘나라에 갔어? 내 친구들 엄마는 아무도 안 갔는데…."
 "할머니 나 두고 죽으면 절대 안 돼!"
그동안 엄마가 미국에서 치료받는 것으로 알고 있던 네 딸 누리가 얼마나 큰 충격을 받았을까? 네 핸드폰으로 아빠가 카톡을 보내고, 네 딸은 엄마에게 답을 보내며 한참을 주고받았으니 얼마나 충격이 컸겠느냐?

추모관의 사진도 새로 바뀌고 누리 편지도 네 사진 곁에 자리 잡았더라.

모든 일을 혼자 계획하고 꾸미며 네 남편도 많이 힘들었을 것이다. 두 사람의 좋은 추억마저 고통스러운 기억에 가려버릴 거 같아 안타깝다. 이제 행복한 기억만으로 감사하며 살아가도록 노력할게. 네가 남긴 누리, 너 보듯 사랑하고 또 사랑할게.

## 나에게서 엄마를

네 딸 방을 정리하다 우연히 수첩에 쓰인 글을 읽었어.
'상상'이란 제목의 글을 읽다가 엄마는 엉엉 울고 말았단다.

    엄마가 살아있다면….
    같이 침대에서 자고 싶고,
    품에 안기고 싶고,
    "엄마 사랑해."라고 말하고 싶고,
    책도 읽어 주고 싶고,
    이야기도 많이 하고 싶고,
    엄마에게 애교도 부리고 싶고,
    노래도 불러주고 싶고,
    칭찬받은 일 다 자랑하고 싶고,
    언제나 같이 있고 싶다.

그리고 큰 글씨로 엄마 사랑해♡ 라고 쓰여있었다.

요즘 들어 네 딸이 내 가슴에 얼굴 묻고 "냄새 좋다. 음…."
엄마 생각이 날 때면 그랬나 보다.
네 딸은 하루에도 몇 번씩 "할머니, 나 에너지 충전!" 하며 가슴을 만지고 냄새를 맡곤 하지. 어제는 옷장 문을 열고 네 영정 사진을 가만히 보고 있더라. 아무도 없을 때만 살며시 문을 열고 너와 얘기하곤 했는데, 어떻게 알았는지 모르겠어.
내가 들어서자 쑥스러운지 얼른 문을 닫더라.
엄마는 아무 말도 할 수 없었어. 내가 현명하지 못해 너를 지켜주지 못한 것 같아, 자책되고 미안했는데 오늘은 네가 원망스럽더라.
우리가 아무리 네 딸을 사랑하고 또 사랑한다더라도 어미 한 사람만 하겠느냐?
행여 할머니 슬퍼할까 봐 엄마 얘길 꺼내지 않은 철이 너무 빨리든 아이.
잠자기 전 내게 책을 읽어 주고 노래도 불러주며 "할머니 사랑해. 하늘만큼 땅만큼." 하며 애교 부리던 일, 모든 게 엄마에게 해주고 싶었던 일이었구나.
친구들이 보여주는 입학 사진에 다 엄마가 있는데 나만 없어서 슬펐다고도 쓰여 있더라. 그래서 오늘은 네 딸을 안고 말했어.
  "속상하고 슬플 땐 그래서 울고 싶으면 언제든 할머니 품에 안겨 실컷 울어. 무슨 얘기라도 다 들어줄게."

## 너무 보고 싶은 날

네가 떠난 후 하늘을 보는 버릇이 생겼어. 오늘은 하늘빛이 유난히 눈부시더라. 코발트 빛 하늘에 떠 있는 하얀 뭉게구름에 한동안 눈을 떼지 못했단다.

서산 대사께서 그러셨다지. 구름이 생김은 삶이요, 구름이 사라지는 것이 죽음이라고.

네 영혼은 하늘나라 어디쯤에서 안식하고 있을까? 많은 나라가 코로나19로 큰 어려움을 겪고 있고, 우리도 예외는 아니지. 3월 중순도 막바지에 이르렀지만, 모든 학교는 개학을 4월 첫 주로 미뤘어. 미사도 2월 중순 사순 1주간부터 지금껏 평화방송이나 유튜브로 대신하고 있단다.

대구·경북 지역 신천지 신도들로부터 시작됐지만, 지금은 지역적으로 교회, 양로원 등 소규모집단 감염이 시작되어 우리의 일상에도 많은 변화가 생겼어.

아시아를 비롯하여 유럽의 나라들과 미국 등 많은 나라가 코로나19

로 빗장을 걸었어. 항공로가 막히고 국경이 폐쇄되기도 했지. 독일 총리는 2차 대전 후 가장 참혹한 상태라고 하더라. 코로나19가 세계적 유행으로 들불처럼 번져 오늘까지 8천 명 이상이 목숨을 잃었다는구나. 각국의 지도자들은 전시와 다를 바 없다고 말하고, 이탈리아는 어제 하루 사망자가 475명이라는구나. 병원 영안실이 부족해서 성당에까지 시신을 보관한다니, 마지막 길에도 가족의 배웅 없이 혼자 쓸쓸히 생을 마감하는 그들을 보며 죽음은 언제나 우리와 함께하는 사실을 실감했어. 죽음 또한 삶만큼 중요하지만 우리는 대부분 죽음을 터부시하지. 죽음에 대해 분명히 알고 있는 것은 사람은 반드시 죽는다는 사실, 누구와도 함께 할 수 없는, 오롯이 혼자라는 것, 올 때처럼 빈손으로 떠난다는 것이다. 그러니 언제, 어디서, 어떻게 죽을지를 아무도 모르는 일이다.

네 마지막 모습이 떠올랐어. 네 곁에 있었음에도 우리는 마지막 인사도 나누지 못했지. 점심을 몇 숟가락 억지로 밀어놓고 화장실 가고 싶다는 그 말이 네 마지막 말이었어.

부축하여 침대에 오른 후 너는 다시 깨어나지 못했어. 삶이 죽음으로 바뀌는 건 순간이더라. 밥을 도저히 못 먹겠다며, 물을 먹고 싶다는데 미련한 엄마는 의사 지시를 따르느라 물 한 모금 주지 않았지. 돌이켜보면 자책되고 후회되는 일이 왜 이렇게 많을까?

며칠 전엔 대구 17세 고교생이 폐렴으로 세상을 떠났어. 몇 차례 검진에서 음성으로 나왔는데, 마지막 소변에서는 양성을 보였대. 사망

후 검체에서는 폐렴이 원인이라는 것 외엔 제대로 밝혀진 게 없어. 그 학생이 마지막 한 말이 "엄마, 아파."라는 말이었다니 그 부모 마음이 어떠했을까? 네가 떠나기 이틀 전 "엄마, 나 죽을 거 같아." 했던 그 말이 생각나서 눈물을 쏟고 말았어. 한 번도 죽음에 대해 생각해 보지 않았을 신체 건강한 소년, 학교에 다녔더라면, 코로나19가 모두를 정신 잃게 하지 않았다면, 40도가 넘은 소년에게 해열제나 건네고 집으로 돌려보냈을까? 네가 죽음을 목전에 두고 있는 그날도 폐 CT 찍어야 한다며 수시로 간호사들이 오가며 체온과 혈압을 쟀지. 간절히 물을 원하는 네게 폐에 물이 찼으니, 이틀을 식후 소금 처방을 내린 의사, 잘해야 하루에 한 번 회진이 전부였어. 그때 의사 말을 신의 말이라 생각했던 무지한 엄마는 네게 물 한 모금 시원하게 주지 못한 게 가장 후회되더라.

인생은 공평하지 않다는 그 말을 또 실감했어. 소년의 아버지도 직장암으로 항암치료를 받으며 투병 중인데 생때같은 자식 보내고 그 부모는 어떻게 살아갈까?

세월이 흐르고 나면 가끔은 웃기도 하고 순간순간 잊는 일도 있겠지. 산 사람은 어쨌든 살아가니까.

너를 잃지 않았다면 타인의 죽음에 이렇게 가슴이 내려앉고 내 일처럼 아프지는 않았을 테지. 자신이 겪거나 처한 상황에 따라 공감하게 되는 게 인간인가 보다.

오늘따라 멀리 있는 네가 사무치게 보고 싶다.

## 하늘나라 1,000일

루치아 떠나고 1,000일, 그 천일이 너무 길더라.
찬바람 눈보라 아랑곳없이 곱게 피어난 꽃잎도
어느 하루 비바람에 와르르 쏟아 내리듯
십여 년 맺은 그 사랑도 속절없이 스러지더라.

그래도 미워하지도, 원망하지도 말아라.
네가 남긴 혈육 한 점 네 몫까지
마음 다해 사랑하지 않겠느냐?
어미도 그러하리니 믿음으로 강건하고
선한 주님 자녀답게 미움도 원망도 벗고
사랑하고 또 사랑하여 네가 못다 한 그 사랑
네가 남긴 네 혈육, 네 몫까지 행복하기를.

세상에 영원한 게 무엇이더냐

인생이란 구름처럼 바람처럼 흔적 없이 스러지니
이승의 얽히고설킨 잡다한 인연의 족쇄 다 벗고
하늘나라 그 영원한 나라에서 부디 평안하거라
먼 곳 어디선가 아스라이 들리는 방울 소리
알 수 없는 그리움 꼭 그만큼만
아니 그조차도 훌훌 털어버리고 평화롭기를
어미는 오늘도 기도하고 또 기도하며
조금씩 아주 조금씩 너를 잊어가리라.

다른 이의 행복을 위해 나를 죽이고 자비로워져야
우리는 아름다운 미사를 드릴 수 있다고
비우고 내려놓고 축복의 기도할 때
그리스도 주 하느님의 자녀가 될 수 있다고 하더라.

나도 그러하리니 슬퍼하지도, 아파하지도 말고
하늘나라에서 부디 평안하거라.
우리에게 영원한 이별은 없어.
다시 만나게 될테니까.

## 하루가 행복한 날

안녕하세요.
누리 담임입니다.
햇살이 참으로 좋은 날입니다~

K 선생님에게
조심스러운 이야기를 전해
들었을 때는
나름 신경을 좀 써야겠다고 생각했지만

아이구야~~
뭐 이리 좋은 아이가 다 있나???~~

정말 정말
밝고 긍정적이고

무엇이든 열심인 그 모습 자체가
너무나 예쁘고 대견스러워서
옆 반 선생님들에게 자랑했답니다.~~
어느 교실이든
그런 아이가 있으면
담임의 한 해가 행복이잖아요.
누리가 바로 그런 아이랍니다.~~

밝은 이면의 마음에
혹여나 가리고 있는
아린 상처가 있는지
조심스레 지켜보며
살펴보렵니다.

할머님의 따뜻한 편지글에
하루가 그저 흐뭇합니다.
항상 건강하시길 바랍니다.

하루가 행복한 날
           - 누리 담임 선생님의 편지 -

## 우리는 특별한 인연인가 봐요

매일 새벽이면 누리와 어머니, 루치아의 영혼을 위해 기도하고 있어서지 늘 함께 있는 것처럼 느껴져요. 누리와 자주 만나야 자연스레 인연이 오래도록 이어지지 않을까 생각합니다. 코로나가 잠잠해지면 젤 먼저 만나고 싶어요. (20.12.25)

어머니 작년 한 해도 고생 많으셨어요. 올해는 더 건강하시고 누리 성장을 지켜보며 기뻐하는 한 해가 되기를 기도합니다.
누리와 아버님, 그리고 루치아의 영혼을 위해 기도해요, 그럴 때면 루치아가 마치 곁에 있는 것처럼 느껴져요. (22.3.1)

시아버님이 오늘, 내일 하셔서 추모관에 미리 왔는데 수첩이 안 보이네요.
혹시 루치아와 기일이 같으려나 생각도 했어요.
이제 하느님께서 언제 데려가실지 하루하루 피가 마르는 거 같아요.

시아버님이 죽음으로 가는 모습 지켜보는 게 이렇게 아픈데 자식이면 어떨까, 어머니께서 겪으셨을 슬픔을 생각하니 마음이 아팠어요. (23.7.18)

시아버님 선종 소식을 어머니께 처음 전해요, 어쩜 365일 그 많은 날 중에 루치아와 똑같은 날 가셨을까요. 우리는 정말 기막힌 인연인가 봐요. 제가 잊으려야 잊을 수 없는 날이네요. 시아버님을 위해 기도 해주세요. 제가 가장 부탁드리고 싶은 일이에요. 누리 첫영성체 때 뵐게요. (23.7.19)

건강검진에서 유방에 혹이 있어 정밀검사를 하고 필요하면 제거하는 수술을 해야 한다고 해서 철렁했어요. 큰 병원에 가서 다시 검사했더니 다행히 수술은 안 해도 된다네요. 그래도 6개월 지나기 전에 다시 검사해야 합니다.
루치아 생각이 많이 났어요. 저는 암일 가능성일지 모르는 상황에서도, 이렇게 신경 쓰이고 검사한다며 힘들어했는데 루치아는 아무 일 없는 것처럼 늘 밝은 모습으로 지냈다는 것이 너무 놀라워요. (23.11.14)

루치아 떠날 때 마음으로 약속한 게 있어요.
'너를 절대 잊지 않을 거야'라고요.
그리고 어머니가 세상에 계시는 날까지는 자주 연락하며 지내겠다고, 누리가 성장하는 모습도 지켜봐 줄 거라고요,

누리가 아기를 낳으면 그 아이까지 챙기겠다고요. 어머니, 아버지 모두 떠난 후에도 누리와 인연을 끝까지 이어가며 살겠다고 약속했답니다. (24.1.7)

- 신티아 대모 -

## 상현 스테파노 편지

영명축일을 축하합니다.
주님의 사랑으로 영육 간 건강하시고 늘 행복하고 맑고 향기로운
시간 보내시길 바랍니다. 오늘 남은 시간도 특별히 주님의 은총과
축복이 선생님께 듬뿍 내리길 기도합니다.

주님을 믿고 바라는 사람들에게 복을 내리시는 하느님!
오늘 영명축일을 맞은 리드비나 선생님을 위해 참 좋으신
하느님께 기도드리오니 축복하소서.
연옥의 고통과 천국 기쁨의 증거가 됐고,
살아 주님의 성인 성녀들과 만났던 쉬담의 리드비나 성녀를
통해 보여주신 참삶의 길과 구원의 신비를 기억하며 주님께
찬미와 영광을 드리오니 저의 리드비나 선생님께
천상 기도의 축복을 내려주소서.

주님께서 특별히 사랑하시는 저의 리드비나 선생님을 성녀와 결합해 주시고, 성녀의 전구로 주님의 도움을 받게 하시며, 성녀를 본받아 현세에서 겪는 영신 싸움에서 승리를 거두고 마침내 성인 성녀들과 함께 시들지 않는 영광의 월계관을 받아쓰게 하소서.

저희 구원을 위하여 십자가에서 돌아가셨다가 사흘만에 부활하신 우리 주 그리스도를 통하여 비나이다. 아멘!
- 제자 상현 스테파노 올림 -

## ♠ 복음 말씀의 향기 ♠

평화의 주님! 하루 양식이 될 묵상 글을 받아보는 모든 이를 축복하시고, 주님의 뜻대로 살게 하시며 은총 주소서!

상현 스테파노는 초임 때 제자다. 스물두 살 새내기 교사 때 가르친 열한 살 제자가, 삼십 년이 지난 어느 날 근무하는 곳을 물어물어 편지를 보내왔다. 그때의 설렘을 무슨 말로 표현할 수 있을까?
가톨릭 신자였던 아내를 만나 지금은 많은 봉사를 하고 있다. 그중 대표적인 활동이 스무 명 남짓 수도자들의 『복음 말씀 묵상 글』 나눔을 매일 카톡으로 보내는 일이다. 수도자들이 보내온 묵상 글을 편집하여 보내기 위해 2~3시간이 소요되지만 기쁨으로 봉사하여 국내뿐 아니라 국외까지 하루도 거르지 않고 보내는 대단한 친구다.

## † 그리스도 우리의 희망

누리 할머님, 함께 눈 맞추고 이야기 나누는 것만으로도 마음에 생기를 가득 채워주는 누리가 얼마나 예쁜지 모릅니다.
인성 수업 시간에 '나를 많이 사랑하는 사람'에 대해 이야기할 때 누리가 '할머니!'라고 큰소리로 순식간에 대답했다는 이야기를 들으며, 할머님의 사랑이 얼마나 크고 깊은 것일까 가늠하는 것만으로도 마음이 충만해졌습니다.

누리는 참으로 사랑스러운 어린이입니다. 맑고 순수하면서도 대범하고 매우 진취적입니다. 남자아이들과 축구할 때도 공을 향해 악착같이 달려가는 적극적인 모습을 보며 웃음이 절로 나옵니다. 누리에게 노래를 불러주면 위로와 기쁨이 될 것 같다고 조르면 쑥스러움도 극복하고 기꺼이 노래를 불러줍니다. 율동도 함께 해달라고 하면 그건 정말 안된다며 잘라 말하는 단호함도 있습니다.

당연히 해야 하는 일을 하는 저희에게 보여주시는 마음에 감사의 마음 전합니다.
저도 가끔 누리와 할머님 가족을 위해 기도드릴 것을 약속드립니다.
자식을 위해 아파하고 울어보지 않은 사람의 말은 얼마나 나약한가요?
세상의 하고많은 아픔 중에 가장 큰 아픔을 누리 할머니께서 겪고 계시니 어떻게 위로해 드려야 할지 모르겠습니다.
할머님께서 따님과 누리를 생각하며 눈물로 보낸 고통의 시간을 더듬어 봅니다. 그 눈물은 절대 헛되지 않을 것입니다.

십자가 아래서 아들 예수를 보며 어머니로서 피눈물을 흘리신 성모님께서 누리 할머님을 위로하시고 매 순간 동반해 주시기를 기도합니다.
저도 누리 어머니 루치아 님의 영혼이 하느님 대전에서 평화로운 안식을 누리도록 기도하겠습니다.
누리가 좀 더 자라면 얼마나 당차고 자신감 있는 모습이 될지 참으로 기대됩니다. 매일매일 누리와 이야기 나누면서 많은 기쁨과 희망을 맛보는데 하느님과 루치아 자매님은 얼마나 큰 기쁨과 행복을 맛보실까요?
아름다운 성모님의 계절, 오월!
주님께서 누리 할머님께 생기 가득 채워주시길 두 손 모아봅니다.

비아 수녀 올림

## 짧은 글 긴 여운




어린 손녀에 아픈 딸까지 보살피느라 고생이 너무 많은 엄마! 항상 힘내시고 아자!! (2014.3)

인생을 살면서 고난과 역경이 와도 씩씩하게 이겨낼 수 있도록 잘 키워주셔서 정말 감사합니다. 부모님의 자랑스러운 딸이 되도록 앞으로 더 노력할게요. 매일매일 감사하고 사랑합니다. (2014.11)

돌이켜보면 나에게 찾아온 엄청난 일, 잘 받아들이고 매사에 긍정적일 수 있는 건 모두 다 엄마와 아빠로부터 받은 사랑 덕분이라고 생각해요. 늘 챙겨 주시고 사랑 듬뿍 주시는 시부모님과 착한 남편, 거기다 좋은 직장까지 좋은 건 다 가졌다고 친구들이 많이 부러워했어요. 하느님이 불공평하시면 안 되니까 이런 시련 한 가지 주신 거로 생각해요. (2015.2)

35살 결혼한 딸이 엄마한테 너무 많은 걸 받고 의존하고 있다는 생각이 들어. 항상 미안하고 고마워. 엄마가 안 계셨다면 내 삶이 어땠을까? 내가 아프지 않았다면 엄마의 삶은 어땠을까? 엄마의 인생을 빼앗은 거 같아 너무 미안해요. (2015.5)

멋지고 자랑스러운 우리 아빠, 그 연세에도 대학 강의와 회사까지 나가시며 누구 못지않게 젊게 사시는 우리 아빠.
때로는 친구처럼 편하면서도 언제나 든든한 우리 가족의 버팀목이 되어 주셔서 감사합니다. 아빠, 감사하고 사랑합니다. (예순다섯 번째 생일에….)

멀리 떨어져 있지만, 마음만은 항상 가까운 아빠, 3주에 한 번씩 가는 반갑지만은 않은 서울 여행? 아빠와 함께라서 든든하고 편안해요. 지난 35년도 감사했지만, 올해는 더 많이 감사합니다. 꼭 나아서 효도할 테니 아빠, 항상 건강하셔야 해요. (2015.11)

힘든 시기에 언제나 든든하고 따뜻한 아빠가 곁에 계셔서 큰 힘이 되고 감사해요. 잘 이겨내고 건강 회복해서 앞으로 효도 많이 할게요. 몸은 아파도 마음은 누구보다 건강하게 낳아주시고 길러주셔서 정말 고마워요. 좋은 생각만 하며 우리 하루하루 더 행복하게 살아요. 아빠. 존경하고 사랑해요. (2016.4)

힘든 길이 다시 시작되고…. 또다시 엄마가 고생하시겠지만, 더 나쁜 상황이 아님을 감사하고 내가 긍정적으로 생각하고 잘 이겨낼 테니까 엄마도 힘내요. 날마다 입맛을 살리려 좋아하는 음식, 건강에 좋은 음식을 이것저것 해서 가져다주시는 시어머님께도 너무 죄송하고 고마워요. 앞으로 엄마, 어머님께 더 많이 효도할게요. (2016.6)

엄마, 2017년 새해에도 아자, 힘냅시다!!
현재 우리가 가진 많은 것에 감사하며 행복 합시다.

엄마, 요즘은 매일 이런 생각이 들어. 엄마가 있어서 참 다행이다! 요즘엔 엄마가 누구보다 큰 힘이 되고 있어요. 엄마도 내 걱정 없이 몸과 마음이 편하게 사셔야 하는데…. 얼른 건강해져서 엄마에게 효도하고 싶은 게 내 큰바람이에요. (2017.4)

멀리서도 항상 딸을 위해 기도해 주셔서 감사해요. 이번에 좋지 않은 결과 들을 때 제 곁에 함께 있어 주신 것도…. 생각해 보니 저의 긍정적인 성격이 아빠를 많이 닮은 거 같아요.
힘든 시간이겠지만 치료 잘 받고 이겨낼게요. 언제나 아빠의 자랑스러운 딸이 되고 싶어요. 새해에도 건강하고 멋진 아빠의 삶을 기원할게요. (2017.12)

언제나 걱정만 끼치는 딸이어서 그래서 항상 미안하고 죄송하지만 그래도 지금처럼 몸과 마음이 힘들 때 함께 얘기할 수 있는 엄마가 있어서 정말 감사해요.

이 시기가 거짓말처럼 지나가고 우리가 지금을 웃으며 얘기할 수 있는 그때가 오길 바라며, 더 좋은 쪽으로 길이 있으리라 믿고 힘을 냅시다. (2018.4)

## 멀리 있어 더 그립다

진도의 푸른 바다를 보고 있다. 네 영혼은 하늘나라 어디쯤에서 안식하고 있을까? '쏴아' 부서지는 파도의 하얀 물거품이 오늘따라 더 쓸쓸해 보인다.
내일 네 남편 결혼한다. 마음이 산란하여 아빠와 이곳에 왔다. 결혼기념일과 생일 핑계 대며 떠나왔지만 너를 생각하니 인생이 더없이 허무하기만 하구나. 코헬렛의 탄식을 가만히 읊어본다.

    -허무로다, 허무!
    허무로다, 허무! 모든 것이 허무로다!
    태양 아래 새로운 것은 없다.-

언젠가는 떠날 사람이며 당연히 축복하고 놓아주어야 한다고 생각하고 있었다. 그런데 사람 마음이란 게 참 사악하다. 인연이 다했다고 생각하고 있었는데도 네 시모로부터 결혼 얘길 듣고 한동안 마음이 착잡했다. 너와 결혼을 허락해 달라던 때가 엊그제 같은데, 알콩달콩 살던 4년, 그리고 암 투병하며 4년. 너를 떠나보내고 마음 추스르지도 못했는데 네 남편 재혼으로 마음이 다시 요동친다.
워낙 말수가 적은 사람이라 가끔은 답답한 적도 있었지만 네가 없는데 이제 결혼까지 하니 이런 게 무슨 대수니? 당연히 인연도 정리해야겠지. 다만 네 딸이 있어 타인처럼 지낼 수는 없을 텐데 어떡하면 좋을지 모르겠구나.
결혼을 이틀 앞두고 네 남편이 들렸더라.
두 쪽의 편지에 자신의 마음을 담았더라. 네게 하소연하는 어미 마음이 옹졸하여 부끄럽구나. 그러나 누구에게 이런 말을 할 수 있을까? 우리는 언제, 어디서, 어떻게 될지 알 수 없는 불확실한 존재며 내일을 예측할 수 없다.
그러나 네 남편도 우리 못지않게 마음고생이 많았을 것, 아빠와 엄마는 네 남편이 새로운 가정에서 행복하기를 진심으로 바라기로 했어. 그래야 우리 누리도 안정된 가정에서 잘 지낼 수 있지 않겠니?

'나 너와 함께 있으니 두려워하지 마라. 내가 너의 하느님이니 겁내지 마라.
내가 너의 힘을 북돋우고 너를 도와주리라. 내 의로운 오른팔로 너를 붙들어 주리라.'
네가 보던 성경책을 펼치니 밑줄이 그어있더라. 그동안 많이 두렵고 힘들었구나.

이제는 하느님 대전에서 두려워하지도, 겁내지도 말아라. 언젠가는 아무리 사랑하는 사람이라도 헤어지는 법, 조금 빨리 이별이 왔을 뿐…. 새 가정에 사랑과 평화가 가득하기를, 네 딸이 사랑받고 건강하기를 너도 하늘에서 도와주렴.

무지개나 별이나 벼랑에 핀 꽃이 더 아름답고 애틋하게 느껴지는 건 손이 닿을 수 없기 때문이라고 하더라.

아무리 불러도 닿을 수 없는 먼 곳에 너는 있다. 그래서 더 애틋하고 그립다.

제5부
:
곁에 있는 지금이 행복이다

## 곁에 있는 지금이 행복이다

남편은 그날 이후, 꼭 8개월째 되는 오늘 필드에 나갔다. 필드에 나갈 수 있다니, 축하하고 감사할 일이다. 과정이야 어쨌든 남편이 설렜으니, 얼마나 감사할 일인가?
남편의 현재 상태를 잘 알고 있는 H부장이 멀지 않은 곳이니 함께 바람이나 쐬러 가자고 연락이 왔다. 운동할 분들 모두 함께 근무했던 후배들이라 마음이 편할 것이라고 했다.
남편은 단기기억과 시 공간력을 제외하면 그다지 문제가 없다. 그래도 같은 말을 반복하고 금방 잊어버리니 가족이야 그러려니 하겠지만 처음 겪는 그들에게 남편의 모습은 많이 낯설 것이다.
어제는 골프 백을 수없이 열어 확인했다. 우드와 아연 개수를 확인하고 메모하고 다시 또 확인하고를 반복했다.
한곳에 집중하면 다른 것에는 아예 신경을 쓰지 못한다. 남편에게 콧바람이라도 쐬어 주겠다는 H부장이 고마워 점심은 남편이 살 수 있도록 부탁했다.

주님께 약속하고 다짐하지만, 하루가 멀게 똑같은 죄를 짓는다. 가끔은 남편이 도무지 이해가 안 될 때가 있다. 여전히 나는 예전의 남편이 익숙하다. 얼마 전 제자 옥이가 "그냥 아이 하나 키운다고 생각하세요." 말했을 때, '그래도 우리 남편 그 정도는 아니야.'라고 말하고 싶었다. 몇 번이나 한 말을 바로 잊어버릴 때 나도 모르게 말투가 거칠어졌나 보다.

내가 몰아붙인다고 남편은 버럭 화를 냈다. 처음 보는 반응이다.

"나도 정말 미치겠어."

남편이 한 말이 내 심장에 예리하게 꽂혔다. 나보다 훨씬 더 힘든 사람은 남편인데, 왜 내가 힘든 것만 생각하는가?

언젠가 읽었던 글귀가 떠오른다.

'서로가 서로에게 다그치지 않고 너무 앞서지도 않고 자상하게 일러주고, 일으켜 세우면서 다시 힘을 내어 이 세상을 열심히 살아갈 힘을 줄 넉넉하고 큰 가슴을 지닌 동반자가 되자.'

지금 그대로의 남편을 인정하고 받아들여야 하는데 자주 잊게 된다. 이런 나를 하느님은 얼마나 한심하게 여기실까?

'네 생명의 남은 날 수를 그때마다 제하라고 네 입으로 약속하지 않았더냐. 얼마 남지 않았다. 정신을 바짝 차려라.'

어디선가 읽은 글이 생각난다. '우리에게 사랑할 시간은 오직 지금뿐이다. 내일은 우리 것이라 할 수 없다.' 남편이 곁에 있다는 거. 그 자체만으로 얼마나 감사할 일인가? 남편이 곁에 있는 지금이 행복이라는 걸 확인하며 주님 앞에 다시 무릎을 꿇는다.

## 봄은 봄이다

코로나19로 지구촌이 몸살을 앓아도 봄은 어김없이 온다. 하루에도 수만 명이 코로나로 목숨을 잃고 있다. 전자 현미경으로밖에 존재를 확인할 수 없는 미물 중의 미물, 자기 혼자는 살 수조차 없어 다른 생명에 기생하는 바이러스, 그 하찮은 것으로 세계는 문을 걸어 잠근다. 더러는 코로나19가 종교, 경제, 문화와 관계없이 모든 사람이 평등하다는 것을 가르치고 있다고도 말한다.
나는 '세상은 절대 공평하지 않다'라는 생각에 변함이 없다. 또 선한 삶이나 믿음이 하느님의 특별한 은총을 받은 것도 결코 아니다.
오늘은 곡성 쪽으로 나들이를 간다. 좋아하는 운동도 가지 않고 주말 하루는 나를 위해 비워두는 남편이 고맙다.
봄빛 머금은 산 빛깔이 참 예쁘다. 저마다의 위치에서 뿜어내는 산 빛깔은 엷은 안개 탓인지 신비스럽다.
내가 사는 곳은 다행히 코로나19가 심하지 않아, 교외로 나가 봄을 만끽하는 데 문제 되지 않지만 대구·경북 지역을 비롯해 많은 지역이 외출조차 자유롭지 못하다.
물론 감염 위험은 어디고 도사리고 있으니, 신경이 예민해진다.
점심은 메기와 참게로 끓인 매운탕이다. 반찬으로 나온 머위장아찌가 별미다. 봄이 시작되면 땅을 비집고 나오는 연붉은 줄기의 여린 머위 잎을 데쳐 된장과 초장으로 무치면 나른한 봄날 입맛을 살리는 특효약이다.

이곳 행정구역은 곡성이지만 보성강을 사이에 두고 아래로는 순천이고 왼쪽으로 내려가면 구례다. 보성강 줄기를 따라가면 섬진강을 만나고 하동 쪽으로 내려가면 매화 마을이다. 구례에서 코로나 환자가 발생했다고 핸드폰에 뜬다. 천은사나 들리려 했는데 태안사로 방향을 바꿨다. 가는 길에 「지리산 가는 길」이라는 아담한 찻집이 눈에 띈다. 띄엄띄엄 몇 팀이 자리하고 있는데 창 너머 햇살에 반짝이는 보성강 물줄기가 눈부시다.
가뭄 탓에 강 양쪽은 바닥을 드러낸 곳이 많다. 코로나19로 세상은 떠들썩하지만, 자연은 한결같다. 하늘에 떠 있는 구름도 더 푸르러진 산 빛깔과 봄을 알리는 매화와 산수유도 유난 떠는 인간 세상과는 무관하다.
햇살에 반짝이는 물빛이 너무 예뻐서 돌계단을 내려와 강가에 앉았다. 양지바른 곳에 쪼그리고 앉아 있노라니 앙증맞은 작은 풀꽃들이 하나, 둘 자태를 드러낸다. 수수한 그 모습이 너무 예쁘고 사랑스러워 한참 눈을 떼지 못했다.

'자세히 보아야 예쁘다. 너도 그렇다.' 문득 나태주 시인의 시가 생각난다.

그렇구나. 무릎을 낮추고 고개를 숙인 사람들만이 너희의 아름다움을 볼 수 있구나. 이 경이로운 새 생명의 봄을 섬진강 강가에 앉아 온몸으로 맞이하고 있다.

## 무료할 때가 행복이다

언니에게 전화를 건다. 주간 보호센터에 있을 시간이다.
누군가 전화를 받아서 언니에게 넘겨 주는듯하다.
　"언니, 어디야?"
시작은 늘 이렇다.
　"으응, 모임에 왔는데…. 잘 몰라~."
비슷한 사람들이 모였으니 모임이라는 말이 전혀 틀린 말은 아니다.
　"지금 뭐 해?"
　"그냥 있어.~."
대화는 더없이 단조롭다. 일부러 대화의 구실을 만든다.
　"언니, 돼지고기 고추장볶음 어떻게 하지?"
음식 솜씨 좋은 언니에게 예전에도 자주 묻곤 했다.
　"몰라. 생각 안 나~."
　"애들이 이모가 한 것처럼 해달라는데 어쩌지?"
　"나는 몰라~."

고희 지난 지 엊그제인데, 깔끔한 성격에 셈 밝은 언니가 치매라니….

전화는 1~2분이면 끝이 난다. 대화를 좀 더 끌어보려 하지만 생각처럼 쉽지 않다. 언니는 차츰 말이 없어지고 완전한 문장 사용이 어렵다. 언니에게 좀 더 관심을 가져야 했다. 그동안 혼자 삭이느라 얼마나 힘들었을까? 치매는 발병된 시점에서 약 3년을 방치된 상태로 지낸다는데 언니는 조기 치료의 기회를 놓쳤다. 이런저런 상황에 비추어 우울증이려니 생각하다가 결국 치매로 발전한 것이다. 내 코가 석 자라고 딸아이가 아프니 언니에게 마음 쓸 여유가 없었다.

3년 전쯤, 언니는 부쩍 같은 말을 묻고 또 물었다.
사촌 동생 딸이 결혼할 때였다.
"결혼식 때 서울에서 만나겠네~"
"누가 결혼해?"
매번 같은 물음이다.
"상우 동생 딸이 결혼하잖아."
몇 분이 안 되어, 또 전화가 온다.
"누가 결혼한다고?"
"상우 동생 딸이 결혼한다니까."
같은 말을 몇 번이고 반복하니 결국 짜증이 났다. 언니의 건망증이 너무 심하다.
"언니, 제발 달력에 표시해 두라니까."

지난번 만났을 때 공책에다 예문까지 만들어 메모 방법을 적어 주었다. 오늘 무슨 일이 있었는지, 누구와 전화했는지 기록해 두면 도움이 될 거라고 했다.

언니는 언제부턴가 모든 일에 관심도 의욕도 없고 귀찮아했다. 그래도 가끔 전화를 걸어오기는 했다. 하루에 다섯 번 넘게 전화할 때도 있었는데 그때마다 처음인 것처럼 말했다. 그때가 알츠하이머 초기 치매 증상이 나타날 때였던 것 같다. 그러나 치매에 대한 지식이 부족했고 자녀나 형제 누구도 인정하지 않았다. 그런 건 특별한 사람에게나 해당하는 거로 생각했다. 언니는 우울증약을 복용하고 있어 인지 능력이 다른 사람보다 좀 더 떨어진 것일 뿐이라고.

자매 중 가장 활달하고 욕심 많은 멋쟁이 언니가 요즘은 방금 있었던 일도 까맣게 모른다.

우리 집에서 잠을 자고 난 아침 낯선 얼굴로 두리번거린다.

"언니, 여기 어딘지 알지?"

"으응, 누구 집이지?"

언니는 여전히 생각이 안 난다는 얼굴이다.

"나는 누구야?"

"내 동생."

아직은 나를 기억하고 있다.

"맞아! 언니 동생이야. 엊저녁 언니가 우리 집에서 잤어."

언니는 가만히 성모상을 가리킨다.

성모상이 놓여있는 걸 보니 동생 집이 맞다는 얼굴이다.

언니에게 읽기 편한 동화책 몇 권을 건넸다.
"책 보면 머리 아파~."
"읽으면 재밌어. 매일 한 장씩만 읽어 봐. 응?"
손사래 치는 언니를 가만히 안아주었다.
아프기 전에 언니는 조카들에게 용돈을 줄 때도 그냥 주는 법이 없었다. 몇 줄이라도 꼭 편지를 썼다. 글씨체도 정말 예뻤다.

언니가 형제들과 좀 더 가까이 살았다면, 얘기할 친구가 한 명이라도 가까이에 있었다면 이렇게 되지 않았을 것이다.
자존심 강하고 완벽한 성격의 언니는 진중하지도 못하고 대충 사는 형부와 너무 달랐다. 사업한다며 겉치레만 번지르르한, 분수 모르고 일 저질러 친정 형제들을 힘들게 하고 언니와 남동생까지 신용불량자로 만든 남편이 마지막엔 자식들까지 힘들게 하자 원망과 미움으로 가슴에 화를 담고 살았다.
수년 동안 신용보증기금에서 채무 관련 독촉장이 날아오다 보니 언니는 사람들을 피하기 시작했다. 혼자 있으면 종일 집 밖으로 나가지 않았다. 아파트 주변이라도 걸어라고 하면 혼자 무서워서 못 다닌다고 말했다. 셈이 밝고 정확한 언니는 채무에 대한 부담감을 끝내 떨쳐내지 못했다.
언니는 최근에 여행용 가방까지 끌고 두 번이나 집을 나갔다.
고속도로 공사 현장에 있는 언니를 인부가 발견하고 조카에게 연락했다. 만약 언니에게 핸드폰이 없었다면, 생각만 해도 아찔하다. 집에서 상당한 거리였다는데 언니는 어디를 가고 싶었던 걸까?

그런 일이 있고 조카는 부랴부랴 언니를 주간 보호센터에 맡겼다. 그러나 오후 4시면 그곳 일정이 끝나기 때문에 혼자 있게 된 언니가 또 집을 나갈까 걱정되어 현관 잠금을 해두었다. 그렇지만 화재나 위급한 상황이 생기게 되면? 아찔하다.

언니가 가족을 힘들게 하고 안타깝게 하지만 당사자는 아무것도 모른다는 점에서 다행이라고 해야 할까?

누구도 다가올 인생을 예측할 수 없다. 한 치 앞의 일도 알 수 없는 것이 우리 인생이다. 나와 상관없는, 누군가의 일이라 여겼던 그 일들이 어느 날 내 일이 되었을 뿐이다.

누구보다 분별력 있는 언니가 신용불량자에, 치매에 발목 잡히리라고 생각이나 했던가?

가끔 안부를 묻다 보면 그날이 그날이라며 무미건조한 삶이 무료하다고 말하는 친구가 있다. 그런데 무료하다고 말하는 날들이 바로 행복한 날이다. 아무 일도 일어나지 않은, 평범하기 그지없는 무료하고 지루한 날이야말로 행복할 때이다.

## 조카의 사십구재

통도사 서축암에서 조카의 사십구재가 열렸다. 서축암은 통도사의 산내 암자 중의 하나다.

서른아홉 조카는 그토록 바라던 아기를 분만했지만, 집으로 돌아오지 못했다. 양수가 혈관을 타고 심장 혈관을 막은 양수 색전증이라는 병명으로 생을 달리했다. 이만 명 중 하나라는 특이한 경우가 조카에게 일어난 것이다. 큰 병원으로 빨리 옮겼더라면 그렇게 보내지는 않았을 거라며 언니는 자책했다.

두 번의 유산과 시험관 시술까지 실패로 끝난 터라 임신 소식은 본인과 가족은 물론 친척들에게도 큰 기쁨이었다. 그래서 행여 나쁜 일이라도 생기게 되면 낙담할까 봐 조심스러워 선뜻 축하도 하지 못했다.

노산인 데다 태아가 커서 대학병원에서 수술해야 했지만, 조리원 이용 때문에 집 가까운 병원을 택한 게 화근이었다. 수술 후 깨어난 조카는 가슴이 답답하다며 호흡곤란을 호소했으나, 병원에서는 수술 후 유증쯤으로 생각했던 모양이다.

오랜 시간 금강경을 필사하며 아기를 주시라고 기원했다는 언니….
기쁨이라는 태명으로 4.2킬로나 되는 건강하게 태어난 아기를 조카는 품에 한 번 안아보지 못했다. 대학병원으로 옮겨 혈전 제거 수술까지 받았지만 끝내 의식을 찾지 못하고 사흘 만에 먼 길을 떠났다. 억울해서 어떻게 떠날 수 있었는지 조카의 죽음이 안타깝다.
'이럴 거면 아기를 주시지 말지….'
나는 주님의 뜻을 이해할 수 없어 원망하고 또 원망했다. 삶과 죽음은 저마다의 운명일 뿐, 그분께 매달리고 애원한다는 게 부질없다는 생각까지 들었다.
서축암 넓은 잔디밭과 수목들도 우리 마음처럼 꽁꽁 얼어붙은 차가운 날씨였다.
대웅전 앞에서 잠시 예를 갖췄다. 타 종교도 타부 시 해서는 안 된다며 존중하던 피아골 피정의 집 강 신부님이 떠올라서다.
언니와 조카사위, 지인들과 함께 법당으로 들어섰다. 내가 다니는 천주교는 사십구재는 없지만 죽은 이를 위해 명절이나 기일 등 특별한 날 연미사를 봉헌하기도 한다. 신자들에게 제사를 권장하지는 않지만, 굳이 막지 않은 것은 조상 공경에 따른 우리의 미풍양속을 존중하기 때문이다.
사십구재는 가톨릭 신자인 내게 낯설고 내키는 일은 아니지만, 딸을 여읜 언니와 잠시라도 슬픔을 함께하고 싶었다.
오전 9시 30분에 시작된 의식은 3시간이 지나서야 끝이 났다. 활짝 웃고 있는 조카의 영정과 위패 앞에는 다과와 음식이 수북이 줄을 맞취 반듯하게 놓이고, 방석 앞으로 반야심경과 금강경 등 기도 책이 펼쳐있다. 첫 번째 예식이 끝나자, 조카와 대학 시절 인연을 맺었다는 스님의 독송이 두 시간 이어졌다. 곁에 앉은 분이 친절하게 책장을 넘겨주기까지 하여 집중하려 했지만 이해할 수 없는 내용이라 지루하기만 하다. 스님은 물 한 모금 마시지 않고 독송을 이어가며 종을 흔들고 목탁을 두드렸다.

큰언니 가족과 신자들은 일어나 절을 올리기를 반복했다. 가만히 앉아 있어도 온몸이 욱신거렸다. 나가고 싶은 유혹을 견딜 수 있었던 건 조카 영혼에 미안한 일이고 무엇보다 망연자실한 언니의 심경을 알기 때문이다.

'모든 것은 다 지나가는 것. 하느님은 불변하니 인내함이 다 이기니라.' 마음을 다잡아보지만, 여전히 삶이 허무하기만 하다. 딸이 투병으로 힘들었을 때 내게 희망을 주며 위로하던 조카인데 지금 나는 위로조차 할 수 없다.

조카의 사십구재를 치르며 불교의 내세관에 대해서도 알아보았다. 사십구재는 사람이 죽은 날로부터 7일마다 일곱 차례에 걸쳐 49일 동안 죽은 이의 명복을 기원하며 불경을 외고 제를 올린다. 이는 다음 생애에는 좋은 곳에 사람으로 태어나기를 비는 재래의식이며 천도식이다. 망자의 영혼이 저승으로 가기 전에 머무를 수 있는 시간이 49일이라는 데서 유래되었다고 하며 윤회 사상을 일컫는 말인 듯하다. 열 달 품은 아기 얼굴 한번 보지 못하고 젖 한번 물리지 못한 채 이승에서 짧은 생을 마쳤지만, 경제적으로 무능했던 부모를 살뜰히 챙기고 효도했으니, 사십구재가 아니더라도 조카는 극락세계에 가지 않았을까?

도무지 알아들을 수 없는 스님의 독송 중 반야심경의 '아제아제 바리아제 바리승아제 모지 사바하'라는 말은 깨달음이라는 뜻이란다. 금강경이나 반야심경을 우리 말뜻으로 쉽게 풀어놓으면 성경처럼 교양도서로 누구나 읽을 수 있지 않을까 하는 생각이 들었다.

마지막 의식으로 뒤뜰 소각장에서 조카의 영정과 함께 한복, 꽃신을 태웠다. 활짝 웃고 있는 조카의 영정이 불 속에 던져질 때 언니는 온몸을 떨며 오열하였다.

세상에서의 삶이 다음 생에 비한다면 극히 짧은 순간이고 덧없다지만 개똥을 밟아도 이승이 좋다는 말이 있듯이 죽음의 이별은 가족에겐 더없는 슬픔이다. 하느님을 믿는 그리스도인이든 부처를 믿는 불자이든 말이다.

깊은 슬픔에 빠진 언니나 조카사위를 어떤 말로도 위로할 수 없다는 걸 알고 있다. 역설적으로 우리는 더 큰 상처나 슬픔을 당한 누군가를 통해 위안을 받기도 한다.

또한, 시간만이 슬픔을 조금씩 엷어지게 할 수 있다는 말에 희망을 품는다.

모든 의식이 끝나고 서축암 마당으로 나오니 어느새 겨울 햇볕이 따스하다. 마당에는 부처의 사리를 봉안한 다보탑과 석등도 단아한 모습으로 서 있고 서축암을 감싸 안은 산자락도 편안해 보인다.

기쁨이의 앞날이 외롭고 고달프지는 않을지, 행복한 미래를 꿈꾸며

새집을 마련했다는 조카사위의 마음은 얼마나 허망하고 기막힐지, 남편보다 더 의지하던 딸을 앞세운 언니의 가슴은 어떠할지 착잡하다. 그러나 이 겨울이 가고 산자락이 연둣빛으로 물드는 봄이 오고, 그렇게 계절이 오고 가다 보면 언니네 가족의 슬픔도 조금씩 엷어질 거라고 감히 희망해 본다.

## 또 하루가 간다

직장 동료들과 함께한 여행길에서 서른셋 아내는 한 줌의 흙으로 돌아왔다.
떠난 이는 말이 없으니, 왜 꼭두새벽에 호텔에서 엘리베이터를 탔는지 알 수 없는 일이다.
엘리베이터 문에 고장 났다고 붙여 놓았다지만 당연히 호텔에서 안전 조치를 취해야 할 의무가 있다. 그런데도 7층에서 지하 주차장으로 추락한 게 투숙객의 실수라는 결론으로 끝이 났다.
한 남자의 아내이며 엄마 손이 많이 필요한 27개월, 한창 재롱부리는 아기의 엄마였다. 그리고 그녀의 부모에게는 하나밖에 없는 딸이기도 하다.
그녀를 떠나보내고 카톡 메인 화면에 쓰여 있는 그의 탄식을 보았다.
- 또 하루가 간다. -
그 한 줄에 그의 슬픔이 고스란히 느껴졌다.
그의 절망이 비수에 꽂힌 듯 아팠다.

이처럼 가슴 아프고 슬픈 말이 있을까? 천재지변도 아니고 중병을 앓은 것도 아닌데 그야말로 어처구니없이 사랑하는 아내를 떠나보냈다. 마치 세월호 그 사람들처럼…. 그 마음이 어떠할까? 작은 입을 꼬무락거리며 말 배우느라 열심인 세 살 그 아이는 갑자기 닥친 엄마의 부재를 어떻게 받아들일까?

가족과 함께 한 여행에서 돌아오던 날, 그의 소식을 들었다. 차마 얼굴을 마주 볼 수 없어서, 위로할 수 있는 어떤 말도 찾지 못해 시간만 보냈다. 슬픔이 극에 달하면 어떤 말도 위로가 되지 않는다는 걸 알기 때문이다.
지난겨울, 사고로 아들을 잃은 C가 취한 목소리로 전화했던 일이 떠올랐다. C는 고통의 질곡에서 헤어 나오지 못한 채 술로 대신하고 있었다. 그 밤에 그저 술친구가 되어줄 사람이 필요했을 것이다. 시간이 지나고 나서 그의 넋두리라도 들어주지 못한 걸 후회했다. 그때는 자식을 떠나보낸 슬픔이 얼마나 큰 고통인지 알지 못했다.
시간이 가고 세월이 흐르면 슬픔도 엷어지고 잊히리라는 건 희망이다. 그가 지금 얼마나 아프고 힘들지, 얼마나 외롭고 깊은 절망에 갇혀 지낼지, 엄마를 찾는 어린 자식을 보며 가슴이 무너질지 알기에 감히 전화조차 하지 못했다.
석 달쯤 지나서 그가 먼저 전화를 했다. 일부러 바쁘게 지내노라며 담담하려 애쓰는 그의 말에 고통과 슬픔이 베어 있었다.
비슷한 시기 아기를 출산하다 어이없게 아내를 떠나보낸 조카사위도 그런 말을 했다. 일에 미치지 않으면 한순간도 견딜 수 없다고. 그래서 일에 미쳐서 지내노라고 했다.

인간은 대체 얼마만큼의 고통을 견뎌낼 수 있는가? 인생 여정에서 우리는 얼마나 많은 좌절과 절망, 슬픔과 대면해야 하는가?

그는 삼십 대 중반의 초등학교 선생님이며, 내가 가르친 제자다. 스승의 날이면 빠지지 않고 전화를 걸어 축하를 해주었고 때때로 안부를 전하던 밝은 심성을 지닌 젊은이다.

같은 학교에 근무하던 8살이나 어린 아내를 만나 결혼하게 되었을 때, 동료들이 도둑이라 놀리더라며 행복해하던 모습과 결혼식장에서 활기차게 입장하던 모습이 눈에 선하다.

"또 하루가 간다."

도저히 받아들일 수 없는 말도 안 되는 상황에서 절망의 절규를 한 줄 글에서 본다. 누군가 말처럼 타인의 큰 슬픔과 절망을 마주할 때 나의 슬픔과 절망은 얼마쯤의 위로를 받을 수 있을까? 하지만 아무리 타인의 슬픔이, 절망과 좌절이 크다 한들 내 슬픔과 절망에 비교할 수는 없다.

온전히 살아가려면 죽음을 품어야 하고, 온전히 시작하려면 마지막을 품어야 하며, 온전한 만남을 위해서는 이별을 두려워하지 않아야 한다던 글이 떠오른다.

난데없이 다가온 수용하기 힘든 상실감과 슬픔을 무슨 언어로 대신할 수 있겠는가? 그런데도 그가 절망의 터널에서 조금씩 걸어 나오기를 간절한 마음으로 희망한다. 그가 가끔은 슬픔이나 깊은 상실감에서 벗어나 웃기도 하고 행복해졌으면 좋겠다.

## 놓아버리기

집착하는 마음을 내려놓을 때 비로소 놓아버리기가 가능하다. 모든 고통의 원인이 집착에서 오며 집착이 괴로움의 원인이라는 것도 알고 있다. 그런데 자식의 죽음은 이해의 영역이 아니다.
마음 깊은 곳에서 여전히 "왜 우리에게 이런 엄청난 형벌을 주는가? 대체 우리가 무얼 그렇게 잘못했는가?" 하루에도 몇 번씩 그분께 묻는다.
떠나기 이틀 전부터 전해질이 부족하다며 물을 주지 말 것과 매 식후 5g의 소금 섭취를 지시했다. 오전에는 폐 전신 단층촬영을 하여야 한다는 주치의 말을 전하며 쉴 새 없이 체크를 했다.
간절히 물을 원하는 아이에게 물 한 모금 주지 않고 떠나보낸 나를 용서하지 못한다.
그 누구라도 설령 사회의 손가락질 받는 사이비 종교 지도자라도 "네 아이를 살려 주면 나를 따르겠느냐?" 물으면 나는 망설이지 않고 따라나설 것이다. 악마가 내 영혼이라도 내놓으라 하면 기꺼이 내놓을 것이다.
누구든지 제 아내나 부모를 하느님보다 사랑하면 안 된다고 하지만, 나는 내 아이가 하느님보다 몇 배 더 소중하다고 감히 말할 것이다. 그분의 노여움으로 지옥의 나락으로 떨어진다 해도 그럴 것이다.

어떤 이는 죽음을 놓아버리기의 절정이라고 하지만 그건 노년의 죽음을 일컬을 때가 아니겠는가?
이 땅에 영원한 것은 아무것도 없으며 다만 변화와 소멸만이 있다고 한다. 심리학자와 수도자들은 죽은 사람에게 집착하지 않고 그가 정말 떠날 수 있도록 놓아주어야 그와 새로운 관계를 만들 수 있다고 말한다. 특히 자신은 물론 죽은 이까지 하느님께 온전히 맡길 때 마음의 평화를 얻을 수 있다고 신앙도 가르친다.
내가 바꿀 수 없는 상황이라면 겸허히 수용해야 하며 바꿀 수 있는 것에 대해서는 바꿀 수 있는 용기를 가져야 한다고 생각했다. 4여 년 투병의 고통을 겪은 딸이 우리 곁을 떠나기 전까지는.
떠나기 일 년 전쯤 아이가 감사 일기 한 권을 내밀었다. 생각해 보면 우리에게도 감사할 일이 많다고 했다. 이미 타 장기까지 전이 되어 한 달이면 서울을 4~6번 오갔다. 항암제가 듣지 않아 부작용이 심했고 자라는 모발을 네 번이나 밀었지만, 고통스러운 투병 중에도 희망으로 버텼다. 하느님이 반드시 일으켜 주실 거라며, 건강을 되찾으면 어려운 사람을 위해 봉사의 삶을 살겠다고 했다.
나는 감사 일기를 서랍 깊숙이 넣어두고 한 번도 쓰지 않았다. 그런데 딸이 떠난 후 세 번 감사의 글을 남긴 것을 보았다. 감사할 일이 없는 사람은 아무도 없다고 했던가? 해가 뜨고 지는 것과 아름다운 자연을 볼 수 두 눈을 가졌다면, 자기 힘으로 음식을 먹을 수 있고 걸을 수 있는 신체를 가졌다면…. 감사할 일을 어찌 다 열거할 수 있으랴!

지금 나에게 있는 소중한 많은 것을 잊은 체 오로지 잃어버린 한 가지에 매여 굳게 닫아버린 마음이 문제일 것이다.

인간은 어느 정도의 상실을 이겨낼 수 있을까? 영적 기쁨은 아무런 문제가 없을 때 생기는 것이 아니라, 고통과 슬픔을 이겨내고 하느님의 현존을 믿을 때 생기는 은총이라고 한다.

내가 받아들이고 놓아버리기까지는 얼마나 더 많은 시간이 필요할까?

## 마음을 움직이는 말

책 읽기는 내면의 깊이를 더하는 것 같다는 멘토 후배와 얘기를 나누다가 그녀도 마음에 울림을 주는 명문장이 있으면 적어둔다고 했다. 마음이 산란하고 우울할 때면 가끔 써 둔 문장을 읽기도 하는데 사람에게서 받지 못한 위안을 몇 줄의 짧은 글에서 받을 때가 있다.

> '언제나 기뻐하십시오. 끊임없이 기도하십시오. 모든 일에 감사하십시오.
> 이것이 그리스도 예수님 안에서 살아가는 여러분에게 바라는 하느님의 뜻입니다.'
> 데살로니카 1서 5.16-18

좋아하는 성경 구절이다. 슬픔과 걱정, 원망 등 부정적인 생각이 마음에 꽉 차 있을 때 의식적으로 끄집어내어 몇 번이고 읽는다. 그런 다음 심호흡을 하고, 그래서 감사, 그러니까 감사하며 나에게 최면을 건다.

'왜 하필 나에게 이런 일이 일어났느냐고 생각하지 말고, 나에게도 이런 일이 일어날 수 있다고 생각하라.'
내 십자가가 부당하다며, 당신은 인간이 감당할 수 없는 고통은 절대 주지 않는다고 하지 않으셨냐며 하느님께 종종 따져 물을 때가 있다. 성탄 대축일 미사를 평화방송으로 볼 때, 꽃동네 신부님 강론 말씀이 상처투성이 나의 가슴에 뜨겁게 와닿았다. 인생을 살다 보면 누구에게나 어둠 속을 걸어야 하는 시간도 있고, 시련과 역경을 겪기도 하며, 사랑하는 이를 떠나보내는 고통으로 슬픔의 시간을 보내기도 한다는 것. 하지만 받아들이고 모든 것을 하느님의 사랑과 은총에 맡기며 기쁘게 사는 것이 성숙한 그리스도인 삶의 자세라는 것이다. 좋은 것은 당연하듯 받으면서 고통은 내치는 그런 신앙인이 되어서는 안 된다며, 결핍이나 부족함은 오히려 삶의 원동력이 되어 우리를 한층 더 성숙하고 깊게 한다는 말이다.

'산산이 조각난 항아리를 다시 붙이려 하지 말라.'는 글귀를 묵상할 때가 있었다. 지금은 세상에 없는, 소중한 이에게 받은 예쁜 그릇을 깨뜨렸다. 두 번이나 떨어뜨렸는데 신기하게도 온전했다. 바닥으로 내동댕이쳐졌을 때도 어떤 힘이 받쳐준 것처럼 흠 하나 나지 않아 놀라웠는데 이번에는 여지없이 두 동강이 났다. 맞춰보니 거의 흠 잡을 데 없이 완벽하다. 접착제로 붙인다면 감쪽같을 것이다. 그때 떠오르는 생각이 정호승 시인의 글귀다. 산산이 조각난 건 아니지만 얼마나 부질없는 일인가 하는 생각과 함께 누구나 일생 무탈하게 살기를 바라지만, 상처 없는 인생이란 없다는 것이다.

우리의 인생도 이처럼 한 치 밖의 일도 모르고 사는데 그릇 하나에 너무 큰 의미를 부여하고 있다는 깨달음과 함께, 영원할 것 같은 사랑도 부질없음을 겪고서도 작은 그릇 하나에 연연하고 있다는 사실에 자괴감이 들었다.

'피할 수 없으면 기꺼이 받아들여라.' 상황을 바꿀 수 없고 다른 방법이 없다는 것을 알았다면 인정하고 받아들여야 한다는 것. 그것이 고통에서 벗어날 수 있는 제일 좋은 방법이다. 물론 바꿀 수 있는 일이라면 용기를 갖고 노력해야 할 것이다.
「주여, 허락하소서. 바꿀 수 없는 일은 받아들일 수 있는 은총을 주시고, 바꿀 수 있는 일은 바꿀 수 있는 용기를 주소서. 그리고 이 둘을 분별할 줄 아는 지혜를 함께 주소서」
새 일기장으로 옮길 때면 으레 첫 장에 적어두던 말이다.

'행복의 열쇠는 바로 당신의 마음가짐이며, 우리 인생은 생각대로 만들어진다.'
행복의 새로운 패러다임을 제시한 샤하르가 〈행복학〉 강의에서 한 말이다. 그는 속도를 늦추고 자신의 영혼과 보조를 맞춰 걷는 데서 진정한 행복이 피어난다고 했다. 그뿐만 아니라 행복한 생각을 하면 행복해지고 불행한 생각을 하면 불행해진다는 것이다. '아브라카다브라.'

아침에 일어날 때마다 남편과 낭송하는 말로, 생각대로 이루어진다는 말이다. 일을 시작할 때 실패를 먼저 생각하면 실패의 확률이 높고, 걱정하게 되면 걱정할 일이 생긴다는 것은 공연한 말이 아니다.

'감사하는 마음은 길러지는 것이다.' 감사할 줄 아는 사람은 삶이 자기 뜻대로 되지 않을 때도 여전히 행복을 누린다는 말을 깊이 새긴다. 그래서 행복은 감사하는 마음에서 비롯된다고 했다.
내 아이가 감사하는 사람이 되기를 바란다면, 먼저 감사하는 법을 가르쳐야 한다고 했다. 나는 아이들이 감사를 아는 사람으로 성장하기를 바라는 마음에 은혜를 입으며 반드시 감사를 표현하도록 가르쳤다. 겸손하고 예의 바른말 한마디도 충분한 감사가 될 수 있다. 특별한 날이면 형편에 맞는 작은 선물과 함께 짧은 감사편지도 의미가 크다고 했다. 같은 단지에 사는 아들이 명절 때마다 경비실에 선물을 주고 있다는 얘기를 듣고 어떻게 그런 생각을 했느냐고 물었더니 엄마가 하는 걸 봤다고 했다. 그때 감사는 보고 배우는 것이라는 사실을 알았다.
가끔 고마운 분들에게 작은 마음을 전하기도 하는데 그럴 때 느끼는 뿌듯함은 무엇과도 비교할 수 없다. 감사는 되받으려 하지 않을 때, 그 자체만으로도 충분히 행복을 보답받는다.
인간의 행복은 감사하는 마음에서 오는 것이지 외적 상황으로 오는 것이 아니며 감사하는 삶의 태도에 있다는 말은 새길만하다.
'걱정거리를 헤아리지 말고, 자신에게 주어진 축복을 헤아려보라.' 매일 아침 눈을 뜨면 감사할 것을 떠올린다. 남편과 함께하는 일상들, 아침 운동을 시작으로 잠자리 들기 전에 하는 저녁 기도까지.
햇볕 쬐고 산책하면서 시시각각 변하는 자연의 모습을 보며 즐기는 것, 책을 읽고 이야기를 나누는 것, 고마운 이들에게 작은 선물이라도 나눌 수 있는 여유에도 감사한다.

지난 몇 해는 인생에서 가장 힘든 시기였다. 너무 힘들다 보니 우울증과 함께 불면증이 생기더니 새로운 질병까지 추가되었다.
우리가 바른 생각으로 올곧고 열심히 살아도 예상치 못한 일이 터지는 것이 인생이다. 한 치 앞도 알 수 없는 것이 인생이라는 말은 맞다. 그러나 시간이 많은 것을 해결해 준다는 것, 지금 내가 걱정하는 일도 시간이 해결해 줄 것이라는 강력한 메시지를 주며, 위로와 힘이 되어준 책이 최근에 읽은 카네기의 『자기 관리론』이다.
걱정이 우리에게 미치는 영향, 마음속 걱정을 몰아내는 방법을 비롯하여 걱정을 극복하는 완벽한 방법까지….
마음은 그 자체가 세계이며 그 안에서 지옥을 천국으로, 천국을 지옥으로 만들 수 있다고 했다. 온 힘을 다해 감사하며 기쁘게 살아야겠다.

## 오지랖이 넓다

매사를 가리지 않고 참견을 많이 하는 사람을 오지랖이 넓다고 한다. 이 말은 긍정보다 부정의 의미로 많이 쓰이는 것 같다. 쓸데없이 지나치게 아무 일에나 참견하고 이것저것 남의 일에 끼어드는 사람을 빗대어 말할 때 주로 쓰이기 때문이다.

배려나 관심이라 여겼던 일들이 다른 사람들 눈에는 오지랖이 넓은 것으로 보이기도 한다.

그래서 '오지랖이 넓다'라는 말은, 편한 사이에는 웃으며 "너나 잘하세요."라고 맞받아치기도 한다.

사회적 지능은 사회적 이해와 공감 능력으로 타인과 잘 어울리는 사회적 능력을 의미한다고 했다. 요즘 쟁점이 되는 AI 인공 지능이 인간 IQ를 초월하고 직무를 대체하는 시대가 되었지만, AI 인공 지능이 대체 불가능한 일도 많다. 이러할 때 사회적 지능이 높은 사람이 필요하다는 것이다.

아파트 입주가 끝나고도 1년도 훨씬 지나서 상가가 분양되었다.

'제로 칼로리'라는 퓨전 경양식 가게였다. 입구에 있어서 오가며 안이 훤히 보였다. 손님이 한 팀이라도 있으면 마음이 편했지만, 주인만 멀쑥하니 앉아 있으면 걱정이 앞섰다. 늦은 시각까지 불은 켜있지만 거의 매일 식당은 적막이 맴돌았다. 세대수는 많지 않지만 대부분 젊은 사람들이 살고 있어서 외식하기도 그만인 메뉴들이지만 어쩐 일인지 시간이 가도 손님은 늘지 않았다.

처음엔 점심부터 문을 열더니 얼마 지나고부터 아예 저녁에만 문을 열었다. 우리 가족도 몇 번 갔는데 주인 혼자 운영하니 음식 나오는 데 시간이 걸렸다. 식당을 지날 때마다 걱정스러웠다. 내가 안타까워하자, 남편은 걱정 많은 사람이 오지랖까지 넓다고 했다. 그러면 나는 이웃에 대한 당연한 걱정이고 배려가 아니냐고 대꾸했다.

결국, 일 년을 버티지 못하고 문을 닫았다. 그리고 한참의 시간이 지나서 실내장식 업종이 들어왔다. 현관 중문이 필요했던 나는 뿌듯한 마음으로 중문을 주문하였고, 엘리베이터에서 만난 이들에게도 열심히 홍보했다. 잘됐으면 좋았겠지만, 일 년을 채우지 못하고 또 문을 닫았다.

다음에 들어선 가게는 이유식과 수제식 요플레를 직접 만드는 가게였다. 앞의 가게들처럼 일 년을 채우지 못했다. 업종이 바뀔 때마다 매번 실내장식을 새로 해야 하니 경제적으로 어려운 시기에 소상공인들의 생활은 더 힘들어졌을 것이다.

다행히 지금은 피아노 학원이 몇 년째 운영하고 있지만, 코로나 이후 학원에 오는 아이들이 많이 줄어서 힘들다고 원장 선생님이 걱정스러워했다.

오지랖이 넓은 것은 이래저래 신경 쓰일 일이 많아진다. 천성이라 어쩔 수 없지만, 이 또한 이웃에 대한 관심이며 배려가 아닐지 생각한다.

## 하늘바라기

남편이 쓰러진 지 두 달이 지나고 있다. 요즘은 순간순간 딸을 잊고 살 때가 많다. 그러다 우연히 시선이 하늘에 머물면 그대로 선 채 눈을 떼지 못한다.

"하늘에 뭐가 있어요?"

남편이 치료사의 도움을 받을 동안 병원 옥상에서 시간을 보낼 때 나와 같은 보호자가 묻는다.

"구름이 예뻐서요."

적당히 둘러 부쳤더니, 그 나이에도 그런 생각을 하느냐고 웃는다. 딸을 떠올리면 간절한 그리움과 함께 엄마 노릇을 제대로 못 했다는 자책감이 들어 마음이 우울하다. 좀 더 병원에 있어야 했지만, 코로나 시기에다 무엇보다 나의 병원 예약 등 외출이 까다로워 담당의에게 부탁해 퇴원을 했다.

오늘은 젊은 시절 회사에 함께 근무했던 C 과장이 남편 소식을 듣고 장수에서 오셨다. 함께 식사하러 가자는 걸 사양했다. 모처럼의 시간은 나에게 정말 소중하다.

딸이 떠난 지 3년하고도 석 달이 지났지만, 남편은 여전히 딸의 부재를 인정하지 못한다. 재활병원에 있을 때는 충격 받을까 하여 서울에서 중요한 교육 중이고 코로나 때문에 연락이 어렵다고 둘러댔다. 하지만 추석 명절로 가퇴원했을 때 추모관에 가야 하니 사실을 말할 수밖에 없었다.

한바탕 난리가 났다. 뇌경색으로 이만한 건 천만다행이고 대부분 원래 상태로 돌아왔지만, 기억 부분은 여전히 안갯속이다. 혹여 외손녀 앞에서 실수할까 봐 몇 번이고 되풀이해서 4년 남짓 힘들게 투병한 일이며, 항암치료 때 서울대 병원까지 동행한 일과 마지막 방사선 받을 때는 밤마다 병실에서 남편이 딸과 함께 보낸 얘기도 했다.

그러나 소용이 없었다. 남편이 가장 기억하기 힘든 일이었을 것이다. 남편을 간호하며 힘든 일 중 하나가 딸이 곁에 없다는 점이다. 딸이 있다면 지금처럼 힘든 시기를 보낼 때 얼마나 힘이 될까?

소중한 딸을 데려가시고도 부족해서 감당하기 힘든 시련을 또 주시는가, 하느님의 탓이 아닌데도 원망스럽다.

생각하기 따라 이 정도인 것만도 얼마나 감사할 일인가? 그냥 내 곁에 있는 것만으로도 충분히 감사해야 하지 않은가? 마음을 비우고 그저 감사하자고 나를 세뇌한다.

보호자의 자리만 바뀌었을 뿐 살아가는 데 크게 문제 될 것은 없으니까. 그런데 딸의 빈자리가 더 크게 느껴지고, 손녀 생각을 해서라도 힘을 내자며 위로하며 나를 일으켜 주던 남편까지 이렇게 되니 감당하기가 버거웠다.

영성 깊으신 본당 신부님은 당신에게 힘든 병고를 주신 그 십자가마저 사랑으로 보듬으며, 하느님이 우리에게 좋은 걸 거져 주셨으니 어떤 십자가의 고통도 기쁘게 받아들여야 한다고 하셨다.

예전처럼은 아니지만, 기도도 하고 성체는 모시지 못해도 유튜브나 평화방송으로 주일미사도 거르지 않고 있다. 때로는 하느님을 위해서가 아닌 신자로서 나의 의무라고 어깃장을 놓으면서….

남편이 재활병원에서 치료를 받을 시간이면 으레 병원 옥상에서 하늘을 보곤 했는데, 시도 때도 없이 하늘바라기가 된 것은 딸을 보내고 생긴 습관이다.

낮이면 흘러가는 구름과 얘기하고, 밤이면 베란다에서 달과 별들과 얘기하다 보니 어느새 하늘바라기가 되었다.

## 나의 동반자

「서로가 서로에게 다그치지 않고,
 너무 앞서지도 않고
 자상하게 일러주고 일으켜 세우면서
 이 세상을 열심히 살아갈 동반자
 넉넉하고 큰 나무 같은 동반자가 되어주자.
 있는 그대로의 지금을 인정하고 감사하며 받아들이자」

어디선가 읽고 마음에 와닿아 옮겨 적었다. 남편이 건강을 잃지 않았다면 스쳐 지났을 것이다.

멀리 있는 길을 함께 할 동반자라는 뜻을 지닌 '라비크'라는 말이 있다. 고통과 슬픔을 함께 나눌 수 있는 그런 동반자, 남편이나 아내를 일컬을 수도 있고 마음을 나눌 진실한 친구이기도 하다. 폭넓은 의미에서 동료 등 파트너도 동반자라고 부른다. 그런데 나는 동반자라 하면 배우자를 먼저 떠올린다.

우리는 친구처럼 만나 부부가 되고 인생길 동반자가 되었다. 기쁨과 행복뿐만 아니라 슬픔과 고통의 길에도 함께한 동반자, 당연히 가장 힘들었을 때 큰 힘이 되고 버팀목이 되어준 사람은 남편이다. 언제나 보호자처럼 든든하던 남편이, 지금은 내가 그의 보호자다.

한 치 앞을 알 수 없는 인생길, 어찌 순탄하기만 바라겠는가? 햇볕이 쨍쨍 내리쬐다가도 어느 순간 비바람이 몰아치기도 하는 날씨와 같다. 우리 삶에 꽃길만 있다면 누가 인생을 고해라고 했겠는가?

남편이 뇌경색이 온 후 일상은 바뀌었다. 크고 작은 모든 일이 내 몫이 되었다. 기상부터 취침까지 일상의 대부분을 남편과 함께한다. 기도로 아침을 열며 하루를 행복하게 보내기 위해 함께 응원 멘트를 낭송한다.

"오늘은 왠지 좋은 일이 있을 것 같다!
나는 할 수 있다. 우리는 할 수 있다!
세상에서 가장 소중한 사람은 나, 그리고 우리다!"

햇살이 좋은 시간이면 동네 산책로를 걷고, 벤치에 앉아 숲의 정기를 마시며 얘기를 나눈다. 책을 읽으며 생각을 나누고, 운동도 하며 그날의 일상을 일지에 기록한다. 일지를 쓰는 일은 남편이지만 단기기억이 예전 같지 않아 나의 도움이 필요하다. 가끔은 '나'는 없고 남편의 보호자로만 존재하는 거 같아 어깨가 무겁고 쓸쓸하다. 그러나 어느 노시인의 말처럼 남편은 무엇을 해주어서가 아니라 곁에 있는 것만으로도 큰 힘이 된다는 것을 알았다.

얼마 전, 지인이 한 얘기에 공감이 간다. 생일날 아침, 아내가 선물은 없느냐고 물었다. 그때 "내 존재 자체가 가장 멋진, 확실한 선물이 아닌가?"라고 했단다. 얼마나 멋지고 재치 있는 말인가? 아내는 웃으면서 흔쾌히 그 말을 인정한다며 유쾌하게 웃더라고 했다. 참 멋진 부부다.

가끔은 나에게 왜 이런 고통이 연속해서 오는지, 너무 힘들다고 하소연할 그런 친구 하나쯤 있었으면 하는 생각을 한다. 사실 누구나 같은 상황이 되어보지 않고는 타인이 겪고 있는 고통이나 슬픔을 공감하기는 어렵다.
 "힘들 때 꼭 연락해. 언제든 괜찮아."
이렇게 말하는 친구가 있었다. 그러나 정말 힘들어서 전화하면 모임 등 선약이 있어서 다음에 만나자는 답변이 돌아왔다. 그런 일이 몇 번 거듭되다 보니 마음은 왜 그리 옹졸해지는지 더 외롭고 서글퍼졌다. 지금, 친구가 정말 필요한 데 모든 걸 제쳐 두고 달려와 줄 그런 친구가 없다는 게 슬펐다. 나에게 그 친구는 의지하고 싶은 특별한 친구지만 그에게 나는 많은 친구 중의 한 사람이라는 사실을 깨닫고 마음을 접는다.
타인의 고통이나 슬픔 따위는 생각보다 관심이 없다는 말이 맞다. 그걸 알면서도 "많이 힘들지?" 내 등을 토닥이며 건네는 따뜻한 위로 그 한마디가 그립다.
힘들게 해서 미안하다고, 곁에 있어 주어 고맙다고 하루에도 몇 번씩 말하는 남편에게 힘들다고 얘길 할 수는 없다. 이제 돈도 못 버는데 병원비가 많이 나온다고 걱정하는 남편에게 그동안 우리가 벌어 놓은 돈이 얼만데 죽을 때까지 써도 남을 거라고 너스레를 떤다.

한밤중 잠이 깨었을 때 남편이 곁에 있다는 사실이 새삼스레 고마워진다. 어느 땐가 두 사람 중 하나는 남겨질 텐데 그땐 얼마나 허전하고 무서울까? 젊었을 때는 남편의 코 고는 소리 때문에 신경이 곤추서곤 했는데 요즘은 그 소리조차 반갑다. 코를 골고 있음은 살아있다는 확실한 증표가 아닌가?

밤중에 잠이 깨어 뒤척이다 잠들지 못할 때, 화장실 가려고 일어난 남편은 제일 먼저 흐트러진 내 이부자리를 꼼꼼히 살피며 고쳐준다. 문득 어느 가수의 "행복해요"라는 노랫말이 떠오른다.

> 숨 쉴 수 있어서 바라볼 수 있어서
> 만질 수가 있어서 정말 행복해요
> 말할 수도 있어서 들을 수도 있어서
> 사랑할 수 있어서 정말 행복해요
> 이 중에서 하나라도 내게 있다면
> 살아있다는 사실이죠.
> 행복한 거죠

남편에게 말한다. 곁에 있어 줘서 정말 고맙다고, 우리 마지막 날까지 함께 하자고…. 웃는 남편의 얼굴이 더없이 편안하다.

## 누군가 널 위해 기도하네

마음이 지쳐서 기도할 수 없고
눈물이 빗물처럼 흘러내릴 때
주님은 우리의 연약함을 아시고
사랑으로 인도하시네.
누군가 널 위해 기도하네.
네가 홀로 외로워서 마음이 무너질 때
누군가 널 위해 기도하네.
"나는 하느님의 기쁨이다."
"너는 나의 기쁨이다."

이 곡은 자신에게 위로를 건네는 성가다. 몸도 마음도 지쳐서 기도조차 할 수 없을 때 CD에서 나오는 성가를 들으며 펑펑 울었다.
누군가를 위해 마음을 다해 기도해 본 일이 있을까? 내 아이를 다시 일으켜 달라고, 제발 좀 도와주시라고. 예수님이 "탈리타 쿰!" 하시며 "소녀야, 내가 너에게 말한다. 일어나라!" 하셨을 때 소녀가 일어나듯

이제 딸아이도 그렇게 해주시라고 매달렸지만 내 부르짖음은 주님께 이르지 못했다.

의심하고 또 의심하며 전능하심을 온전히 믿지 못하는 나를 그분은 알고 계셨을까?

다만 떠난 사람을 떠나보내지 못하고 붙잡고 놓지 못하는 것은 부질없는 집착이라고 가만히 위로해 주셨다.

이승의 인연 다 잊고 그곳에서 영혼이 훨훨 자유롭기를 기도하다가도 가끔은 바람결에, 하늘에 떠 있는 구름에, 멀리서 반짝이는 별들에도 네 안부를 묻는다. 그래, 이승의 일은 모두 잊어라. 그래도 네 딸아이 수호천사 되어 마음이 무너지고 슬퍼하면 다독여 주고 위험에서 돌봐주라고 욕심을 부린다.

딸이 우리와의 추억을 깡그리 잊는다면 슬프겠지만, 이승의 제 자식 생각하며 눈물 흘리며 아파할 생각을 하면 모든 것 다 잊고 그곳에서 안식 누리는 게 더 낫겠다 싶다.

무엇이 딸아이에게 정말 좋은 것일까?

내가 울면 딸도 울고 있을까? 내가 한숨 쉬면 딸도 한숨 쉴까? 내가 웃고 즐거워하면 딸도 행복할까?

딸 사진 보며 울고 있으면, 딸의 표정이 슬퍼 보이고, 엄마 씩씩하게 잘 지내고 있어, 하고 말하면 딸이 살포시 미소 짓는 건 생각의 착시 현상인가?

이 순간에도 누군가가 나를 위해 기도하고 있음을 생각하니 마음이 따스해진다.

제6부
:
# 닿을 수 없는 것의 그리움

## 꿈속에서 전해온 말

캄보디아에 봉사 간 딸의 대모에게서 긴 문자의 카톡이 왔다. 꿈에 딸아이를 만났는데 너무 생생해서 꿈속에서 메모까지 했단다. 내 꿈에 한 번만 다녀가라고 그렇게 부탁했는데 이번에도 대모님에게만 다녀갔구나.

어머니, 여기 캄보디아는 새벽 2시 44분이에요.
꿈이 너무 선명해서 일어났어요.
제가 방에 들어가니 루치아가 침대에 누워
가족을 기다리고 있다고 했어요.
아주 예쁜 원피스를 입고 있었어요.
왜 기다리느냐고 하니 할 말이 있대요.
그래서 내가 전해 줄 테니 하라고 했어요.
　"엄마, 미안하고 고마워."
　"아빠, 미안하고 고마워."

"오빠, 언니도 미안하고 고마워."

그러면서 울더라고요. 모두 다 정말 고맙고 미안하다며, 꼭 전해 달라고 했어요.
루치아가 있는 곳이 어머니 집 같았어요. 그래서 남편이나 시모님, 누리 얘긴 안 했나 봐요. 제가 침대 옆 탁자 위에 메모장이 있어서 받아 써뒀어요. 친정집이라 어머니께서 보시겠다 싶어서요.
어머니 꿈에도 나와 달라고 부탁했어요. 다른 할 말 더 없느냐고 물었더니, 괜찮다고 해서 맛있는 거 먹으러 가자고 했는데 그만 잠이 깨고 말았어요. 너무 아쉬워 깨고 나서도 눈물이 주체할 수 없이 났어요. 지금도 울면서 쓰고 있어요.
새벽꿈이 너무 선명해서 다시 생각해도 생생하네요.

보고 싶은 딸아, 엄마도 그래.
널 건강하게 키우지 못해 몹쓸 병을 이겨내지 못했나 싶고, 좀 더 적극적으로 투병할 수 있는 환경을 만들어주지 못한 게 자책이 들어. 그래서 너무 미안해. 내 딸로 태어나 줘서 고맙고, 너처럼 예쁘고 야무진 누리를 남겨주어서 우리가 이렇게라도 살 수 있구나.
우리 딸, 정말 미안하고 고마워~.
하늘나라에서는 아프지 말고, 주님과 성모님 사랑 듬뿍 받고 평안하기를….
사랑한다. 우리 딸!

'미안하다'라는 말과 '고맙다'라는 말은 똑같은 의미가 아닐까? 둘 다 '사랑한다.'라는 말을 품고 있다. 고통을 대신하지 못해 미안하고, 짧은 생애 동안 착한 딸로 우리에게 기쁨을 주어서 고맙다.

## 그곳에도 눈이 오고 바람이 불까

싸락눈이 조금 내리더니 바람이 불고 눈발이 날리며 하늘이 우중충해진다. 저녁에 전국적으로 눈이 온다더니 참 유난스러운 날씨다. 오늘 같은 날은 딸이 더 생각나고 보고 싶다.
남편과 저녁 무렵 추모관에 다녀왔다. 그곳에는 사진 몇 장과 함께 흔적이 남아있을 뿐 영혼은 하늘나라에서 평안 누리고 있을 테지만 한 번씩 다녀와야 숨을 쉴 수 있을 것 같다.
추모관엔 고등학생쯤의 소년도 있고 웃는 모습이 예쁜 서른 살 아가씨, 또 멋진 군인 청년도 있다. 그리고 갓 결혼한 듯 보이는 간호사 차림의 새댁도 있다. 나이 든 사람들은 눈에 들어오지 않는다. 딸보다 어린 동생들 보며 그들과 가족, 특히 부모의 마음을 생각하며 잠시 멈춰 기도한다. 그들도 같은 마음이겠지. 하느님은 우리 인간에게 자유 의지를 주셨다지만 그들은 죽음을 선택하고 싶진 않았을 것이다. 천국이 더할 수 없이 아름답고 좋다 한들 내 가족, 내 부모가 있는 이승만 할까?

오늘은 누리 얘길 많이 했다. 언젠가 사위도 새 가정을 이룰 텐데 그 땐 누리를 지금처럼 우리가 보살펴 줄 수 있을까? 딸이 육아 휴직과 투병 중에 우리 집에서 함께 살아서 누리에겐 마음의 의지처가 되겠지만, 새로운 가정에 섞이지 못하고 군식구처럼 될 것 같아 피눈물이 나더라도 얼마쯤 거리가 필요하다고 생각한다. 우리 나이도 있고, 언제 어찌 될지 모르는데 새 가정에 마음을 붙이고 살아야지.
우리 딸, 엄마 마음 알지? 네 딸을 떼어놓고 어떻게 살지 아득하지만, 우리 마음 이해해 주렴.
며칠 전에는 누리가 자기 집을 아빠 집이라고 말해서 깜짝 놀랐다.
"우리 집이라 해야지 아빠 집이 뭐야?"
"아빠는 항상 동부에 살지만, 나는 할머니 집에서 많이 살잖아."
하고 누리가 말하더라.
사실 유치원도 우리 집 근처였고, 딸이 투병 중에는 거의 누리가 우리와 지냈으니 틀린 말은 아니다. 또 딸이 떠난 후에도 코로나 등으로 온라인 수업을 우리 집에서 했기 때문에 매일 우리와 지낸 날이 많았다. 그래서 자연스레 누리는 우리를 많이 의지하게 되었을 것이다.
누리를 보내고 어떻게 살 수 있을지 걱정이지만 현명하게 판단해야 한다고 남편과 많은 얘기를 나눴다.
이제라도 사위도 좋은 사람 만나 아픔 잊고 행복하게 살아야 하고, 누리도 온전한 가정에서 밝게 자라야 하는 데 마음은 여전히 심란하다.
딸이 있는 그곳에도 눈이 오고 바람이 불까?

## 겨울 한낮 춤에 빠지다

클래식 음악을 틀어놓고 혼자 춤을 춘다. 춤이라면 끔찍할 만큼 트라우마가 있고 호의적이지 않은 내가 아무도 없는 거실에서 춤을 추는 모습을 상상해 보라. 음악이 잔잔하게 흐르면 얕은 시내가 졸졸 흐르듯 가만가만, 음악이 빠르고 경쾌하면 큰 물줄기가 쏟아져 내리듯 격한 몸짓으로 힘차게 춤을 춘다.

누군가 그랬지. 혼자 외롭거나 슬플 때면 아무도 보고 있지 않은 것처럼 춤을 추라고…. 저절로 몸이 움직여지는 무용수처럼 열정적인 춤을 춘다. 몸치인 내가 한참을 그렇게 춤을 추니 등줄기에 땀이 나더라. 혼자 멋쩍어 웃으니, 누군가도 빙긋 웃더라. 누가 보면 치매 걸렸다 하겠지? 내 말에 빙긋 웃던 그녀가 살며시 미소 지으며 고개를 젓는구나.

다시 잔잔하고 작은 소리로 졸졸 흐르는 시냇물처럼 여린 몸짓으로 춤사위에 빠지다 어느 순간 폭포가 쏟아지듯 격한 몸짓으로 춤을 추고 있으니 중학교 시절 무용 선생님께 야단맞던 열다섯 쯤의 소녀가 보이더라.
 "국·영·수만 공부니? 무용 따윈 대충해도 괜찮다는 거야?"
친구들 앞에서 무안을 주던 우리 모두의 로망이던 S 선생님, 그녀 앞에서 소녀는 홍당무가 되고 주눅이 들어, 또 박자를 놓치고 어찌할 줄 몰랐지. 그녀 앞에서 그 아이는 왜 그렇게 움츠러들고 작아만 졌을까? 이미 노년에 들어선 내가 웃으며 부드럽게 소녀를 안아주었지. 교육대학 무용 시간, 최선을 다했지만 창작 무용 평가 때 몸치를 벗지 못해 겨우 D 학점을 받아 낙제를 면했던 아픈 기억…. 초등학교 교사는, 특히 여교사라면 무용이 필수였던 그 시절에는 학예회나 운동회를 앞두고 가장 큰 스트레스였다. 그나마 큰 학교에 근무할 때는 동 학년 선생님의 도움을 받을 수 있었지만, 소규모 학교이거나, 동 학년에서 가장 젊은 여교사인 경우는 큰 부담이 되었다.
동 학년 오십 대 H선생님, 개인 지도를 한 시간 하시더니 기어이 한마디 하신다.
 "이 선생, 그냥 내가 할게. 대신 내 지도안 써 줘야 해?"
지금이야 웃으며 회상하지만, 그땐 얼마나 자존심에 상처를 받았던지.
세월이 흐르면서 운동회나 학예회 행사는 축소되었지만, 꼭 나처럼 리듬감 없고 한 박자 느린 몸치가 있었지. 그 시절 내 모습을 보는 거 같아 기분은 묘하게 씁쓸했다. 고약한 시어머니 밑에 그 며느리도 똑같이 고약한 시어머니가 된다더니 정말 그랬다. 그 아이를 품어주고 이해해 주기는커녕 남겨서 동작을 제대로 할 때까지 반복시켰다.

친구들 앞에서 자존심이 상처받을 걸 알면서도 완벽하게 가르쳐 주고 싶은 어처구니없는 아집이다.

열정적인 춤사위를 끝내고 나니 온몸에 땀이 젖는다. 무어라 표현할 수 없는 묘한 쾌감이 전신에 휘몰아친다. "good~!!!"

## 통영, 거제를 다녀오다

여름휴가 때 아들이 여행하고 싶은 곳을 물었다. 지난해에도 아들 가족과 함께 간 거제를 다시 찾고 싶었다.
이번에는 외도를 중심으로 지난해와 다른 코스를 정했다. 바다를 좋아하는 나를 위해 '바다를 품은 여정'이라는 팸플릿 광고처럼 리베라 호텔 객실은 바다 조망이 그만이다. 유람선 선착장이 호텔 뒤편 쪽문과 연결되어 무더운 날씨에 그나마 다행이었다.
유람선을 타고 환상의 섬 외도 보타니아로 향하면서 입담 좋은 선장님의 구성진 설명도 인상적이다. 해금강 가까이 다가가자 걸쭉한 유머까지 더해 설명해 주시는데 모두 환호를 질렀다.
8월의 뜨거운 햇살은 바닷바람도 비껴가지 못했지만, 해금강 선상 관광의 묘미는 잊을 수 없었다.
뱃머리에 나와도 무더운 열기는 여전했지만, 해금강의 아름다운 모습에 순간순간 탄성이 나왔다.
바다는 바라보는 것만으로 설렌다. 잔잔하면 잔잔한 대로, 파도가 치면 또 그대로 어떤 모습도 바다는 나를 가슴 뛰게 한다.

외도 보타니아는 학교 근무할 때 동료들과 한번 다녀왔고, 거제는 몇 차례 다녀온 곳이다. 외도에 대한 사랑과 집념이 한 개인에 의해 이렇게 아름다운 낙원으로 바꿨다는 게 놀랍기만 하다.

지난해 아들 가족과 함께 왔을 때는 거제 파노라마 케이블카를 타고 안개에 덮인 다도해의 아름다운 전경을 보고, 바람의 언덕에서 지는 해를 지켜보던 일은 잊을 수 없다.

손자, 손녀는 전율 넘치는 바람의 제트보트가 전율 있고 재밌다고 했다. 여행지나 먹거리에서도 세대 차를 느꼈다.

오래전 손녀 보느라 수고한다며 딸 부부가 보내준 여행지도 거제였다. 겹치는 곳이 많아 순간 울컥했다.

그때 딸의 병이 이미 진행 중이었는데, 딸도 우리도 모르는 상태여서 이곳저곳 즐겁게 다녔다.

벌써 오래전인데도 여행지의 일정과 관광 장소, 맛집까지 또렷이 기억되는 것은 남편이 꼼꼼하게 사전 조사한 탓도 있지만, 딸에 대한 작은 부분이라도 기억하고 싶어서일 것이다.

점심을 먹기 위해 대풍관에서 대기 번호표를 받아 기다렸던 일, 부둣가에 세워진 김춘수 시비를 읽으며, 오래전 시우詩友에게 받았던 '꽃'이란 시를 떠올렸다. 한려수도 케이블카를 타고 통영 시가지를 구경하고 산양 관광 일주로 달려 대 문학가 박경리 문학관을 관람했던 일. 특히 숙소인 삼성 호텔로 들어가는 길에 내비게이션의 오작동인지, 삼성중공업 입구로 들어섰던 일은 아찔하고 특별한 경험이다. 운 좋게도 그 시각이 퇴근 시간이었고 수백 대 이상의 오토바이가 쏟아져 나오는 웅장함은 마치 영화의 한 장면 같았다.

다음날 구조라항으로 이동할 때는 내도 출발 배가 9시에 있고, 다음 배는 2시간을 기다려야 하는 까닭에 신호 위반과 과속까지 했다. 배를 놓쳐서는 안 된다는 생각에 곡예 하듯 달리던 아찔한 기억조차 그립다.

내도 명품 길은 시간 반이면 한 바퀴 돌 수 있는 아주 조그마한 섬이다. 건너 외도 섬처럼 개발이 되지도 않은 그야말로 순수 자연의 섬인 내도는 마치 산골 처녀 모습에 비길만하다.

내도를 어느 시인은 동박새 울음 담아 자연이 품은 웅지라 표현했는가 하면, 내도를 사랑하는 누군가가 나무 하나하나 이름을 붙여 두었다. 군데군데 많은 이야깃거리가 눈을 즐겁게 했다. 특히 '죽은 나무 이야기'는 많은 생각을 하게 했다. 나무는 죽어서도 균류와 여러 미생물의 공급원이 되어 다양한 생물들의 먹이 자원이 되며, 은신처가 되어주고 산란지로서의 또 다른 삶을 살고 있다는 게 감동이다.

동백과 푸조와 노박덩굴이 함께 얽혀 마치 하나의 생명체로 살아가는 어울림 나무도 인상적이다.

구조라로 이동하여 몽돌 해변으로 향했다. 눈에 띄게 많은 펜션과 민박집, 주차된 차들과 해변에 모인 사람들 때문에 놀랐다. 나이에 상관없이 저마다 가슴에 겨울 바다를 품고 있는 듯 차가운 바람에도 아랑곳없이 마치 꿈꾸듯 "쏴아" 파도에 몽돌이 부딪히는 소리에 귀를 세우고 있다. 밀려오는 파도에 신발이 젖어도 그대로 앉은 채 겨울 바다와 몽돌의 부딪히는 소리며 그 쓸쓸함을 가슴에 담은 그날의 기억은 첫사랑처럼 아련하다.

무더위를 피해 외도의 아름답게 가꾸어진 정원의 나무 그늘에 앉아 지그시 눈을 감고 몇 해 전 소박한 내도 여행을 소환했다.

## 반짝반짝 빛나던 가족여행

이미 써 둔 원고는 해킹당하고, 수첩에 남아있는 메모와 일정표가 얼마나 기억을 되살릴 수 있을지…. 그나마 여행의 시작부터 끝까지 영상을 찍은 사위의 도움이 컸다. 그립고 보고 싶은 사랑하는 딸을 여행의 추억과 함께 만난다.

새해 첫날, 창밖은 순백의 세계다. 눈은 여전히 펑펑 쏟아지고 있다. 비행기의 결항으로 KTX를 이용하여 인천 공항으로 출발, 오후 5시 오클랜드를 향해 날았다.

하늘에서 보는 세상은 참으로 평화롭고 경이롭다. 끝없이 이어지는 설원, 그 아래 세상은 어떤 모습일까?

밝아오는 동녘 하늘과 함께 웅장한 운무는 상상 속의 천국이다. 뛰어내리면 살포시 나를 안을 것 같은 하늘 바다.

11시간을 비행한 셈이지만 생애 처음 타보는 비즈니스석, 서비스도 다르다. 땅콩 사건이 떠올라 슬며시 웃음이 나온다.

'돈 많은 사람은 이래서 비즈니스석이나 일등석을 타겠구나.'

평범한 우리가 비싼 요금을 내고 굳이 비즈니스석을 선택한 건 딸의 건강 때문이다.
밤새 서비스에 사육당하는 귀족 같은 떨떠름한 기분도 나쁘지는 않은 걸 보면 그걸 즐긴 게 아닐까?
오클랜드에 도착하여 국내선으로 크라이처치로 향했다. 우리의 목적지는 남섬, 아직 지진 피해가 남아있는 고풍스러운 도시 크라이처치가 첫 여행지인 셈이다. 창밖으로 보이는 남알프스의 웅장한 자태만으로도 압도당한다.
티마루 숙소에서 첫 밤을 보내고 아침은 딸이 만들어준 데라 끼나. 생소하지만, 지금은 잊을 수 없는 그립고 특별한 맛이 되었다.
뉴질랜드는 여름이지만 초가을만큼 서늘하다. 여행은 다리가 후들거릴 때가 아닌 가슴이 뛸 때 다니라던 황 신부님 말이 생각난다.
데카포 호수 가는 길, 끝없이 이어지는 대평원의 신비스러운 보랏빛 꽃 무리. 사람도 마을도 보이지 않지만 양 떼와 소 떼들이 한가로이 풀 뜯는 모습이 평화롭다. 양 떼를 쫒는 개와 마차에 탄 주인이 눈앞에 나타난 순간, 딸은 소녀처럼 손뼉을 치며 우와! 대박! 대박! 환호성을 질렀다.
데카포 호수의 물빛은 환상이다. 이런 곳도 있구나! 자연의 위대함 앞에 서면 경건해진다. 밀키블루라 부르는 연청색 호수 빛깔은 하늘빛이다. 양치기 개 동상과 작은 교회조차도 배경 탓에 신비롭다. 데카포 호수는 남섬을 대표하며 뒤로는 마운트 쿡이 보인다. 데카포 호수를 안고 웅장한 자태를 뽐내는 만년설의 빙하 산, 비취색 호수 색깔은 빙하가 녹으면서 생긴 물이란다. 우리는 호수와 만년설의 빙하 산에 취하고 손녀는 호숫가에 내려앉은 새 떼에 취했다.

인공수로를 따라 흘러가는 푸카키 호수도 눈이 부시다. 빙하가 만든 두 번째로 큰 호수란다. 이런 호수 하나쯤 우리도 가졌으면 하는, 어이없는 욕심에 웃음이 나온다.

마운트 킹 도보여행은 무리여서 kea point까지 다녀오기로 했다. 가는 길목에 무리 지어 피어있는 보랏빛 꽃은 몇 해 전 노르웨이 피오르에서 보았던 꽃과 닮았다. 하얀 별꽃도 앙증맞고 사랑스럽다. 만년설에 둘러싸인 마운트 쿡의 장엄하고 신비스러운 아름다움을 어떤 언어로도 표현할 수 없는 어휘의 한계에 씁쓸하다.

과일로 유명한 크롬웰을 그냥 지나칠 수는 없다. 과일 시식 코너에는 여러 종류의 과일과 말린 과일까지 맛볼 수 있도록 넉넉하게 준비되어 있다. 기후 탓인지 체리를 비롯하여 키위, 포도, 살구 등 당도뿐 아니라 맛도 훨씬 좋다. 정원에는 장미를 비롯한 예쁜 꽃들이 만개하고 때맞춰 아름다운 한 쌍이 웨딩 포토를 찍고 있었다.

트리첼 연어 농장에서 손녀가 방방 뛰며 신났다. 연어 먹이를 주며 깔깔대는 모습에 외국인 관광객들까지 함께 웃으며 흥겨워한다. 아이들은 어느 곳에서나 기쁨이고 웃음의 에너지다.

퀸스타운 가는 길, 양옆으로 나지막한 언덕엔 밤송이처럼 생긴 식물군이 가득하다. 탐스러운 모습이 생경하다.

퀸스타운의 와카티푸 호수는 한 폭의 그림이다. 뉴질랜드 사람이 노년을 보내고 싶은 도시로 꼽는다는 말에 공감이 간다. 호텔 더 리즈에 도착하여 테라스에 나가니 눈앞이 호수다. 이 아름다운 곳을 내 생애 다시 만날 수 있을까?

시내 탐방을 하고 호수를 마주하며 킹크랩 등 해산물로 거나하게 저녁을 먹었다. 곤돌라를 타고 전망대에 오를 때 가파른 산등성이에 염소 몇 마리가 아슬아슬 바위를 오르는 모습을 보았다.

"헐~ 염소다! 염소! 대박~!"

딸은 아름다운 풍경이나 특별한 걸 볼 때면 유난히 감탄하고 환호한다. 퍼그 버거는 3대 수제 버거집이라는 유명세 때문에 딸 부부는 시간 반이나 줄을 섰다가 기어이 사 왔다. 내일 가는 밀퍼드 사운드 점심용이다. 밀퍼드 사운드는 천년 전 마오리 원주민이 발견한 곳이다. 가는 도중 통과한 호머 터널과 함께 거울 호수 위로 마운트 쿡의 모습이 비쳤다. 숲속으로 쏟아지는 햇빛에 보랏빛 꽃들과 나무들은 더할 나위 없는 아름다움과 신비다.

밀퍼드 유람선 투어 때는 산 정상에서 쏟아지는 물줄기의 웅장함에 숨이 막혔다.

게다가 엷은 안개비까지 뿌리니 선상에서 바라보는 모습이 신비로웠다. 안개비 속에 피오르에 떨어지는 물줄기를 맞으며 '오오오~~ 대박!' 하며 환호 지르던 딸의 동영상을 몇 번이고 돌려보았다. 가슴이 먹먹했지만, 눈물 대신 미소로 화답했다. 딸이 엄마의 어떤 모습을 보고 싶어 할지 알기 때문이다.

'아름다운 풍경 속에 네가 있었구나.'

아름다운 풍광 속에서 감탄의 환호를 지르던 딸의 모습을 사는 날까지 기억하며 보고 싶을 때마다 꺼내 보리라.

세계 2대 피요르드며 남섬 관광의 끝판왕이라는 명성이 과장되지 않았음을 실감했다. BBC 선정 죽기 전 꼭 가봐야 할 곳에 꼽히기도 했다니, 오늘 한 가지는 이룬 셈이다. 오후 6시지만 태양은 정오만큼 눈부시고 뜨겁다.

퀸스타운으로 되돌아오는 길, 왕복 10시간 운전으로 사위는 많이 힘들어 보였지만 차창 밖 모습에 감탄을 연발했다. 가슴 속 답답했던 생각들이 뻥 뚫린 기분이다.

호텔에서 바라보는 와카티푸 호수는 황홀하다. 풍광에 취해 저녁도 거르고 테라스에서 떨어지는 해를 한참을 바라보았다.

오늘은 호수와 산으로 둘러싸인 평화로운 도시 와나카를 찾았다. 수수한 아파트형 에지워터 숙소 앞으로 와나카 호수가 펼쳐진다. 저녁 무렵 가족들과 산책 겸해서 호수로 나갔다. 호수가 넓은 이곳은 젊은 이들이 여러 가지 활동을 즐긴다고 하지만 호수 주변을 걸으며 풍경을 보는 것만으로도 충분히 행복하다. 그뿐 아니라 어둠이 내리는 호수를 바라보는 것도 운치가 있다. 숙소로 돌아왔을 때는 어둠이 주위를 휘감았고 하나둘 별들이 등을 켜기 시작한다. 마침내 무수한 별들이 쏟아질 듯 빛을 낼 때는 황홀함에 숨이 막혔다. 남섬 관광은 역시 자연이다.

차창 너머 와나카 호수를 보며 일정이 없는 숲 산책길로 Blue Pools에 들어섰다. 코발트 빛깔 물빛 작은 호수로 비키니 차림의 아가씨들이 풍덩 뛰어들고 젊은 남자는 다이빙 실력까지 뽐내어 구경꾼들의 환호와 박수갈채를 받았다. 눈이 즐겁다고 하는 게 이런 것인가 보다. 어느 곳에서든 주저함 없이 당당하게 삶을 즐기는 젊음이 부럽고 보기 좋다.

프란츠 조셉 빙하로 가던 중에 여름에는 빙하가 녹아서 만년설을 볼 수 없다는 말에 실망이 컸다. 얼마나 아름다웠으면 톰 크루즈가 한눈에 반해 별장까지 마련했을까? 결국, 프란츠 조셉 빙하를 보지 못한 게 아쉬움으로 남는다.

타즈만 해 물빛이 엷은 옥빛에서 점차 멀어질수록 코발트 빛깔을 띤다. 욕조에 잉크를 한 방울 또 한 방울 떨어뜨려 그 빛깔을 만들어보고 싶다.

타조만 해를 감싸 안은 산맥의 모습도 인상적이다. 마치 조각가가 영혼을 쏟아부어 만든 듯하다. 세상 누구에게도 드러내지 않은 비밀스러운 마법의 힘이 느껴진다고 할까?

이제 여행도 막바지에 이르렀다.

크라이스처치로 되돌아가는 첫 번째 쉼터, 타즈만해 물빛에 또 감탄하며 해변에 무질서하게 세워진 나무 기둥을 보았다.

'누가 이 아름다운 해변에 저런 걸 세워놓았지?' 아는 만큼 보인다고 했던가? 가까이 다가가 보니 영어로 HOKITIKA호키티카라고 쓰여있다. 유명한 설치 미술가의 작품이란다. 쉬면서 타즈만해를 감상하라는 듯 의자 하나가 놓여있는데 이 또한, 작품이다.

아발란치 크릭 마을 눈사태 계곡 캠프장도 인상 깊은 쉼터이다. 그곳에서 운 좋게 키위새도 만나고 예쁜 키 작은 노란 꽃 무리도 보았다.
크라이스처치로 돌아가는 중에 만난 보존지역, 반지의 제왕을 비롯하여 영화 촬영지로 유명하며 야트막한 산등성이를 가득 메우던 하양과 보라 노랑꽃들을 배경으로 여행 중 가장 많은 사진을 찍었던 기억도 새롭다. 다시 그때로 돌아갈 수 있다면, 얼마나 좋을까?
도착하여 호텔에 짐을 풀고 렌터카를 반납했다. 시내 탐방을 한 후 교민이 운영하는 한식 식당에서 여행 중 맛있는 저녁을 먹었다. 내일 아침이면 국내선 절차를 밟고 오클랜드에 가서 우리들의 영원한 안식처로 돌아가리라.

## 비우는 여행

새벽 5시, 고속버스로 인천 국제공항에 도착했지만, 중국과 영공 통과 문제로 출발이 두 시간이나 지연된 후에야 프랑크푸르트로 날았다. 하늘빛은 맑은 코발트 빛깔 그 아래로 눈 쌓인 알프스산맥이 보인다.

프랑크푸르트에 도착하여 곧바로 로덴브루크로 이동했다.

독일은 300년 전까지만 해도 300명의 영주가 다스렸던 까닭에 곳곳에 고풍스러운 성이 많다. 그런 탓에 게르만 지방에서 내려오는 전설, 신화, 민화도 다채로우며 그림 동화의 탄생도 흥미롭다. 로맨틱 가도는 오스트리아까지 연결되어 있다.

첫 관광은 중세의 보석이라 불리는 '로덴부르크', 연 관광객이 100만 명에 이른다는 로덴부르크는 중세의 모습이 비교적 잘 간직된 고풍스러운 거리와 함께 중세풍의 동화 같은 예쁜 집들이 많다.

마르크트 광장과 시청사를 비롯해 30년 전쟁 때 와인 마시기 내기로 로젠베르크를 구한 시장을 기념하는 시의회 연회관 건물, 춤추는 인형은 보지 못했지만, 낭만적인 전쟁에 마음이 끌렸다. 걸어서 한두 시간이면 구시가지를 돌아볼 수 있다.

독일 예술과 문화의 중심지 뮌헨으로 이동하는 데 3시간이 소요되었다. 남부 독일의 중심 도시인 뮌헨은 르네상스의 바로크, 로코코 양식이 남아있는 곳으로 문화적, 역사적 유산이 풍부한 매력적인 곳이다. 특히 예술을 사랑했던 비테르스 바흐 가문의 화려한 건축물, 미술품, 문화재를 많이 소장하고 있다. 우리나라 돈 많은 명문 가문에서 문화에 대한 눈을 떴으면 하는 아쉬움이 들었다. 건물을 붙여 지은 점이 낯설고 화재 시에 대형화재로 이어지지 않을까 우려가 되었다.

인상 깊은 명소는 성모교회라 불리는 '프라우엔 교회'이다. 주교좌교회이며 베네딕도 16세 교황이 주교로 계셨던 곳이라 특별한 느낌이다. 청탑이 인상적인 프라우엔 교회는 뮌헨을 대표하는 대성당이며 뮌헨의 상징이기도 하다. 우리 부부는 촛불을 켜고 딸의 안식을 기도했다.

신시청사의 글로켄슈필(시계탑)에서 매일 세 번, 사람 크기만 한 인형들이 나와 인형극이 펼쳐진다는데 관람 시간과 맞지 않아 아쉬웠다. 뮌헨 광장의 번화가와 마리엔 광장의 자동차 출입이 금지된 점도 인상 깊다. 뮌헨에서 잘츠부르크로 이동하면서 사운드 오브 뮤직 영화를 보았다.

옛것과 새것이 조화로운 화합을 이룬다는 잘츠부르크는 모차르트의 탄생 도시이며 '사운드 오브 뮤직'의 배경 도시로 유명하다. 소금의

성이라는 뜻을 가진 잘츠부르크는 고딕과 바로크 양식의 아름다운 건물이 곳곳에 있어 알프스의 북로마라고 불리며 세계에서 가장 아름다운 도시라는 평을 받는다. 미라벨 궁전 앞에 있는 정원은 사운드 오브 뮤직의 배경 무대로 더 유명해졌다.

이곳의 유명한 쇼핑 거리 게트라이드 가세는 화려하고 아기자기한 예쁜 장식물이 눈길을 끌었다. 모차르트의 생가가 있고 쇼핑 거리에는 모차르트와 관련한 가게의 상호, 상품들이 많았다. 모차르트가 세상을 떠난 지 많은 세월이 지났지만, 위대한 음악과 함께 그 이름은 지구의 마지막 날까지 남지 않을까?

특별 관광으로 후니쿨라에 탑승하여 호헨 잘츠부르크 성을 올랐다. 아침부터 내리기 시작한 엷은 안개비로 시야가 흐릿해서 알프스의 아름다움을 제대로 보지 못해 아쉽다. 추적추적 내리기 시작하는 비는 짤츠 캄마굿으로 이동할 때는 제법 굵어졌다. 빗줄기는 도시의 집들과 나무와 거리까지 흠뻑 적신다.

짤츠 캄마굿은 유네스코 자연유산으로 지정된 아름다운 전원도시이다. 여기도 사운드 오브 뮤직의 배경이 된 곳이다. 유람선을 타고 투명한 호수와 주변의 푸른 산과 아름다운 집들을 바라보니 한 폭의 그림이다. 세계 많은 사람이 노후를 보내고 싶어 하는 이유를 알 것 같다. 쉴 새 없이 내리는 비에 젖어 있는 볼프강 호수를 유람하며 딸이 탄성을 지르던 뉴질랜드의 밀퍼드 사운드와 와카티푸 호수가 펼쳐진 아름다운 퀸스타운을 떠올렸다.

빈까지는 4시간 소요, 역시 여행은 몸이 버텨줄 때 다녀야 한다는 걸 또 느낀다. 팀장이 사운드오브 후편까지 선물이라며 보여주었다. 오래전 보았는데도 마치 처음 본 듯한 설렘, 뮤지컬 영화의 생동감과 함께 아름다운 자연 정경이 영혼까지 흔든다.

저녁에는 선택 관광으로 빈 음악회를 관람했다. 고전음악의 황금기인 바로크 시대부터 요한 슈트라우스 시대의 왈츠 음악을 실내악 형식으로 공연하는데 지휘자의 농익은 모습이 강한 카리스마가 느껴진다.

합스부르크 왕가의 중심 빈. 오스트리아 수도이자 왈츠의 도시 빈은 합스부르크 왕가가 집권하면서 중부 유럽의 중심지가 되었다. 그뿐만 아니라 모차르트, 슈베르트, 브람스, 하이든 등 역사에 발자국을 남긴 음악가들을 배출한 음악의 도시이며 예술과 문화가 공존하는 매력의 도시다.

아쉬웠던 점은 최초의 순교자 스테파노를 기념하여 지은 오스트리아의 최대의 고딕 양식이며 137m의 청탑이 있는 스테판 성당 내부를 관람하지 못한 점이다. 연미사 중이라 성당 문은 굳게 닫혔고, 많은 사람이 빗속에서 비를 맞거나 우산을 쓰고 성당 밖에서 식이 끝나기를 기다리고 있었다. 방송차 등 취재진까지 미사가 끝나 문이 열리기를 기다리고 있는 걸 보면 대단한 사람인가 보다. 모차르트의 결혼식이 열렸던 곳이며 스테인드글라스 장식이 아름답다는 팀장의 부연 설명을 끝으로 삼삼오오 쇼핑하거나 차를 마시며 시간을 보냈다.

다음 찾은 곳은 베르사유 궁전과 함께 유럽에서 가장 아름답다는 쉘부른 궁전이다. 합스부르크 왕가의 여름 별궁으로 오스트리아에서 가장 크고 화려한 궁전이라니 당시 시민들의 생활이 풍족하지 않았음에도 왕족들이 누렸을 엄청난 부와 권력은 어디서나 마찬가지다.
궁전 뜰에서 사진을 찍을 때 30대쯤의 중남미 여인이 다가오더니 모자를 빌려 달라고 한다. 또 사진까지 함께 찍자는 것이다. 순간 여권이 들어있는 크로스 백을 힘껏 껴안았다. 그녀와 헤어지고 생각하니 활짝 웃는 그녀를 잠시라도 의심했던 게 부끄럽다.

이탈리아어로 '벨 베르데'라는 뜻은 전망이 좋다는 뜻이라는데, 벨베르데 궁전도 스페셜 관광으로 포함되었다. 이곳은 바로크 건축물로서 세계 문화유산으로 지정되었으며 18세기 빈의 유력자인 오이겐 사보이 공의 여름 별궁이다. 이곳에서 클림트의 〈키스〉 등 유명한 화가의 그림을 만날 수 있었다.
점심 후 부다페스트로 이동하였다. 차창 밖 낯선 풍경을 구경하는 것도 운치 있는 일이지만 4시간을 버스로 이동하는 지루함도 만만치 않다.
연일 내린 비로 도로가 정체되어 식당 예약 시간이 지났고 팀장은 계속 도로의 교통 상황을 식당에 알렸다. 저녁 후 다뉴브강 야간 유람선 관광이 예약되어 인솔자로서 초조했을 것이다. 이곳의 일몰 시간은 늦지만, 완전히 어두워지지 않는 상태에서만 유람선 관광이 가능하기 때문이다. 계속된 비로 강물은 흐렸지만, 부다 왕궁과 국회의사당 등 웅장하고 고풍스러운 건축물에 화려한 조명이 더해져 아름다움에 눈이 부셨다.

일행은 갑판에 나가 와인과 맥주로 분위기를 띄우고 핸드폰 조명까지 켜서 사진을 찍는 등 여행의 백미를 즐겼다. 몇 분 후에 있을 대참사를 꿈엔들 짐작했겠는가?

호텔에 돌아와서도 흥분은 쉬 가라앉지 않았다. 아들에게 유람선에서 찍은 사진 몇 장 전송하고 잠이 들었다. 한밤중 전화벨이 울렸다. 아들이 지금 어디냐? 괜찮으신 거냐? 다급하게 물었다. 전송된 사진이 다뉴브강 유람선인 데다 유람선 침몰 사고 뉴스 속보가 떴기 때문이다. 우리 일행이 유람선에서 내릴 때 마지막 두 팀이 기다리고 있었는데 그중 한 팀이 우리 한국인이어서 반갑게 손을 흔들던 생각이 떠올랐다. 사고 배가 우리가 탔던 허블리 호라는 말에 온몸이 소름이 돋았다. 시간으로 봤을 때 분명한 건 우리 다음 팀이었다. 아침이 되자 모두 가슴을 쓸어내렸다. 그리고 그 엄청난 일이 우리를 비껴갔음에 안도했다. 아슬아슬하게 불행한 일을 피했음에 가슴을 쓸어내리면서도 우리만 무사해서 마음이 무거웠다.

침몰의 순간 얼마나 무서웠을까? 누군가 구조해 주겠지, 생각할 겨를도 없이 삶은 죽음으로 바뀌었다.

돌아온 이후에도 TV 뉴스에 눈을 떼지 못했다. 한두 달은 유람선 트라우마에서 벗어나지 못했다. 가장 마음 아픈 건 여섯 살 여아를 꼭 껴안은 채 삶을 마감한 외할머니다. 죽음의 순간까지 놓지 않았던 사랑스러운 손녀딸.

회갑을 맞이한 부모를 모시고 삼십 대 딸은 어린 자녀를 데리고 효도 여행을 왔다고 하던가? 외손녀를 돌봐주었을 부모에게 우리 딸이 그랬듯이 기쁘고 행복한 마음으로 떠나왔을 것이다. 마치 그들의 죽음이 나를, 우리를 대신한 듯하여 아팠다. 만약 우리 부부에게 그 상황에 부닥쳤다면 제일 먼저 딸이 남기고 간 외손녀가 떠올랐을 것이다. 삶과 죽음은 손바닥과 손등, 동전의 양면처럼 쉽게 바뀔 수 있다는 말…. 그런데도 우리는 나와는 무관한 일로 생각한다.

지난밤 이 엄청난 일을 겪었는데도 아침이 되자 일정에 따라 헝가리 1,000년을 기념하는 영웅 광장을 시작으로 부다왕궁을 관람하고 겔레르트 언덕에 올랐다. 흠뻑 비에 젖은 회색 도시 부다페스트를 내려다보니 다뉴브강은 지난밤 끔찍한 일을 잊은 듯 흙탕물을 품은 체 무심히 흐른다.

1, 2차 대전을 겪었고 나치에 협력했다는 이유로 많은 불이익을 감수해야 했던 헝가리…. 쉼 없이 추적추적 비는 내리고 마음은 납덩이를 품은 듯 무겁기만 한데 일정은 차질 없이 진행된다. 수천 년 전 나라를 세운 7개의 마자르족을 상징하는 뾰족한 고깔이 인상적인 어부의 요새, 건국의 아버지라 불리는 성 이슈트반을 기리기 위해 세워진 성 이슈트반 성당.

브르노로 이동하는데 4시간. 동유럽도 북유럽과 마찬가지로 버스 이동 거리가 만만치 않다.

부다페스트 사건으로 여행의 감동도 설렘도 사라졌다. 일정에 따라다닐 뿐 기대하던, 동유럽의 파리라는 프라하도 감흥이 일지 않았다.

거리에는 고딕 양식. 르네상스 양식, 바로크 양식이 장엄할 만큼 즐비하다. 관광버스 진입이 불가하여 이동하는데 전철을 탔다.

천년의 역사를 가진 낭만의 도시 프라하는 몇 해 전 드라마 '프라하의 연인'으로 우리에게 익숙한 도시다.

프라하의 야경을 보기 위해 어둠이 내리기를 기다렸다. 언어의 소통이 자유롭지 못한 우리에게 쇼핑은 쉽지 않았다. 광장에서 펼치는 민요를 구경하고 순천에서 온 임 씨 부부와 말을 타고 프라하 시내를 돌고 노천카페에서 어렵사리 맥주를 마셨다.

프라하성 야경이나 선택 관광 야간 투어는 아무 설렘도 주지 못했다. 마음이 얼마나 중요한지, 마음이 열려있어야 감동도 설렘도 가능하다는 걸 실감했다.

다음날 온천의 도시 카를로비 바리로 이동하여 온천수를 시음하기 위해 개인별 컵을 샀다. 이래저래 관광객들 주머니는 열릴 수밖에 없다.

이제 여행의 막바지, 독일 밤베르크로 이동하는 데도 3시간이 소요되었다.

밤베르크는 독일의 숨겨진 보석이라는 말이 과장되지 않았다. 2차 대전을 겪으면서도 도시는 비교적 잘 지켜진 것이다.

밤베르크 대성당은 미사 중이었는데 끝나고 잠깐 기도하고 싶다 해도 허락되지 않았다. 이래서야 무슨 선교가 되겠는가? 가톨릭 신자라며 묵주까지 내밀어도 쌀쌀하고 근엄한 얼굴로 노라고 고개를 젓던 노부인 때문에 마음이 불편했다.

마지막 관광을 위해 뷔르츠 브르크 이동, 마리엔 베르크 요새는 대단했다. 게다가 레지 덴츠 정원은 얼마나 예쁘던지….
유럽의 관문 도시 프랑크 프루트로 이동 중 마트에 들러 크로스 백 등 몇 가지 선물을 준비했다. 독일인의 이미지가 그러하듯, 전체적으로 단정하고 깔끔한 도시라는 인상을 받았다.
무사히 내 나라, 대한민국에 도착할 수 있음에 감사하면서, 비우러 떠난 여행은 유람선 사고로 오랫동안 마음을 무겁게 했다.

## 친정엄마

그립고 애틋한 이름, 생각만 해도 가슴이 뜨거워지며 눈물 나는 다정한 이름.

나를 낳으신 어머니는 스물아홉 엄동설한에 노심초사 아들이길 간절히 빌었지만, 세 번째도 딸이었으니 마음마저 꽁꽁 얼어 얼마나 추우셨을까?

친정엄마가 되어 딸 산후조리를 하면서 어머니 생각이 많이 났다. 어머니는 열아홉에 외할머니를 잃으셨다. 여섯째로 태어난 막내 외삼촌이 백일도 안되어 산후병으로 돌아가셨으니 맏이였던 어머니의 막막함은 얼마나 크셨을까? 슬픔에 잠겨 있을 여유조차 없으셨다 한다. 스물한 살 되던 해, 아버지와 중매로 만나 결혼하셨는데 두 분이 일본에 살고 계실 때였다. 몇 년 후 해방이 되자 어머니는 어린 동생들을 일본에 두고 아버지를 따라 우리나라로 돌아오셨다, 어머니는 어린 동생들 생각에 밤마다 눈물로 이불을 적셔야만 하셨다.

부모님은 순천 해룡면 복성리에 정착하고 산을 개간하여 농장의 기초를 닦으며 갖은 고생을 하셨는데, 어머니는 일본에 두고 온 동생들 생각에 더 고단하고 힘들었다고 하셨다.

지난달 딸이 엄마가 되었다. 초음파로 딸이라는 게 확실해지자 들뜬 목소리로 전화했다.
 "엄마, 기쁜 소식, 반전이야! 반전!"
그동안 한의원과 주변에서 모두 아들이라고 얘기해서이다. 우리 때는 두 명 정도 낳기 때문에 첫째는 일단 아들이었으면 했다.
나는 아침을 먹기 바쁘게 딸 집으로 달려갔다. 딸이 먹을 미역국도 끓이고, 아기 목욕도 시키고 반찬도 만들며 종일 종종거렸다. 온몸이 나른하지만, 친정엄마 노릇을 할 수 있어 감사하고 행복하다.
내가 초등학교 다닐 무렵 일본에 사시는 외할아버지가 처음으로 집에 오셨다. 외할아버지는 두 살배기 막냇동생이 엄마에게 젖 달라며 칭얼대자 노여움을 나타내셨다.
 "네 어미 바짝 말랐는데 젖이 나오겠냐? 젖 그만 먹고 밥 먹어라."
외할아버지 불호령에 막내는 울음을 뚝 그쳤고 어머니조차 어찌할 줄 모르셨다.
그런데 며칠 전 아기가 밤새 칭얼대서 잠 한숨 못 잤다는 피곤함에 지친 딸 얼굴을 보자 예쁘기만 하던 외손녀가 미운 게 아닌가? 외할아버지 생각이 나서 피식 웃음이 나왔다. 친정엄마는 아기가 배고파 울어도 먼저 밥 먹고 젖 먹이라고 한다는 말이 있다. 아무리 예쁘고 사랑스러운 손주일지라도 딸이 먼저 보이는 것이 친정엄마다. 그지없이 사랑스러운 눈 맞춤으로 아기에게 젖을 먹이는 딸의 모습을 보니 가슴이 뭉클해진다.

나는 어머니 젖을 제대로 먹지 못했다. 딸을 내리 셋 낳으신 어머니는 상심이 크시어 젖이 돌지 않았고, 게다가 동생이 바로 들어섰다. 다행히 사내 동생이어서 어머니의 한이 풀렸지만 안타깝게 명을 다하지 못하고 네 살 되던 해 떠나보냈으니 그 기막힌 슬픔을 어찌 감당하셨을까?

비록 외할머니를 일찍 여의셨지만 비교적 여유로운 생활을 하신 어머니는 신 농업 기술을 접목해 농촌을 계몽하겠다는 아버지의 이상 때문에 고생을 많이 하셨다.

어느 해인가 농장에 시찰 온 미국 기자가 거칠고 굳은 어머니의 손을 카메라에 담으며 "위대한 개척의 손이며 자랑스러운 어머니의 손"이라고 칭송했다고 한다.

가끔 어머니가 조금만 더 사셨으면 얼마나 좋을까 하는 생각을 한다. 시간도 경제 여력도 있는 지금이라면 좀 더 잘해드릴 수 있지 않았을까 하고. 그러다 고개를 젓는다.

어머니는 내가 방학을 하면 함께 일본을 다녀오자고 몇 번이나 말씀하셨는데 그때마다 강습 때문에 어렵다, 아이들이 학원 가니 챙겨야 한다, 조금만 더 있다가 가자며 미뤘다. 지금이라면 어떤 핑곗거리가 있을까? 딸 산후조리 때문에. 어린이집 가는 손자 챙겨야 해서 집을 비울 수 없다 하겠지.

친정엄마에 대해 애틋함과 그리움을 가슴에 담고 살아가지만, 자녀에 대한 조건 없는 사랑 앞에서 부모는 늘 뒷전이다.

서른 하나에 낳은 내 딸도 서른 하나에 엄마가 되었다. 내 딸은 제 딸 자랑이 한창이다.
　"엄마, 누리 좀 봐. 정말 예쁘지 않아? 어쩜 요렇게 예쁠 수 있지?"
　"그럼, 누리처럼 예쁜 아기는 세상에 없을 거야."
딸은 한술 더 뜬다.
　"우리 어머님이 미스코리아 내보내야겠대"
'딸아, 31년 전 엄마도 그랬단다. 이렇게 예쁜 아이를 정말 내가 낳았을까? 옹알이하는 그 모습이 그지없이 예쁘고 사랑스러워 부끄러움도 잊은 채 말했지. 네 외할머니도 지금 나처럼 맞장구치시며 빙긋이 웃으시더라. 딸과 엄마 사이엔 푼수 같은 철없음도 흉이 안되는 법이지.'
딸을 낳아서 시집을 보내고 친정엄마가 되어서야, 철이 들어 자신을 낳아준 친정엄마에 대한 절절한 마음을 갖게 되나 보다. 나를 낳으시고 산후조리는커녕 미역국조차 죄스러워 못 드셨다는 우리 어머니. 일본에 두고 온 어린 동생들 생각에 홀로 눈물 흘리셨을 어머니. 없는 살림에 딸들 공부시킨다고 주위에서 비난할 때도 그냥 웃기만 하셨던 내 어머니. 당신 몸 성치 않으시면서도 손녀, 손자 재롱에 마냥 행복해하시던 어머니, 변변치 못한 적은 용돈을 드릴 때면 미안해하시고 고마워하시던 어머니. 친정집 들렀다 돌아올 때면 대문 앞에 서서 보이지 않을 때까지 손을 흔드셨던 생전의 모습이 떠오른다.
쓰러지시던 그날도 신문 한쪽에 실린 YBM 일본어를 오려 공책에 붙이고 몇 번이고 쓰며 공부하셨던 어머니. 어머니의 고단한 삶이 마음을 아리게 한다.
어머니는 공기 같은 존재라고 사람들은 말한다. 공기 때문에 우리가 숨 쉬고 살면서도 고마움을 느끼지 못하듯이 곁에 계실 때는 어머니는 당연히 그런 줄 알았다. 그러나 어머니가 떠난 뒤에야, 늙고 힘없는 어머니가 얼마나 큰 버팀목이었는지 알게 되었다.
어머니와 딸 사이에는 남편이나 아들도 감히 비집고 들어올 수 없는 그 무엇이 존재한다. 아무도 대신할 수 없는 엄마와 딸만의 친밀함과 공감대를 딸이 없는 사람이 이해할 수 있을까?

## 지금 나는 어디쯤

요셉 형제님의 장례미사가 있는 날이다.
'지상의 고단한 삶 마치고 천국으로 가시는 그대 요셉 형제여! 이제는 천국에서 복락 누릴 터인데 눈물로 그대를 보냅니다.'
죽음은 하느님과 만남이며 영원한 행복에 이르는 길이라고 신앙은 말한다. 그런데도 나는 왜 죽음 앞에 서면 영원한 이별이라고 생각하는 걸까? 죽음을 절망적으로 받아들이는 것은 여전히 신앙적으로 성숙하지 못해서이다.
데레사 자매는 시한부 장부를 지켜보면서 자신이 할 수 있는 일이 아무것도 없더라는 말과 함께 이 세상에 내 것이란 아무것도 없다는 걸 알게 되었다고 담담하게 인사말로 대신했다.
요셉 형제는 50대 중반, 할 일 많은 사람이었다. 그가 간암 말기라는 말을 교우 자매로부터 들었던 날도 믿기지 않을 만큼 밝은 모습으로 인사말을 건넸다.
요셉 형제가 요한 병원 호스피스 병원에 입원했다는 얘길 듣고 남편과 찾았을 때 예전의 모습은 없었다. 뼈만 앙상한 쇠잔한 모습에 복수가 찬 배, 그런데도 그의 얼굴은 놀라울 만치 편안해 보였다. 요셉 형제 가슴에 손을 얹고 기도하는 내내 그에게서 알 수 없는 평화가 넘치고 있음을 느꼈다. 나는 여전히 주님이 사랑하는 요셉 형제를 당신 손으로 일으켜 주시라고 기도하고 있었다.
남을 위해 이렇게 절실히 기도하는 일은 처음이다. 그저 기적만 주시라고 떼를 쓰는 내가 얼마나 철없이 보이셨을까?
'항상 깨어 사십시오. 어떤 상황에서도 주님께 감사하십시오.' 나에게 요셉 형제는 이렇게 말하고 있는 것 같았다.

요셉 형제를 만나고 돌아오면서 많은 생각을 했다. 과연 하느님의 뜻은 무엇일까? 죽음을 앞둔 요셉 형제에게서 오히려 따뜻한 위안을 받은 이 느낌은 대체 무엇인가?
그는 같은 아파트 단지에 살면서 알게 된 교회 형제분이다. 가까이에서 그를 보면서 참으로 그리스도인다운 형제라는 생각이 들었다. 반모임 때 요셉 형제와 몇 차례 자리를 함께한 남편도 그는 신앙심이 깊고 진실하며 봉사가 몸에 밴 사람이라고 했다.
'대체 요셉 형제는 뭐가 그리 행복할까?'
세상의 눈으로 볼 때 직업이나 재물이나 어느 것 하나 부러울 만한 걸 갖지 못했다. 장례식에 참석하신 어느 신부님 얘기다. 가게를 운영하다 보니 봉사하며 살겠다는 자신의 신조에 제약이 많았다. 그래서 몸은 힘들어도 메이지 않고 할 수 있는 일을 택한 일이 일용직이라는 것이다. 그동안 뚜렷한 직업이 없는 그를 세상의 눈으로 판단한 편견이 부끄러웠다.

장례미사에는 낯선 얼굴이 유난히 많았다. 수도회 수사님들과 수녀님들, 몸이 불편한 장애우들, 소외계층의 많은 이들이 요셉 씨와의 이별을 슬퍼하였다.

요셉 형제는 아내 데레사 씨에게 조의금은 어려운 시설 몇 군데 기부해 달라는 유언을 남겼다 한다.

요셉 씨의 죽음을 보면서 내 삶의 시간은 얼마나 남아있을까 생각했다.

내 의지와 상관없이 받아들여야 하는 그 시간, 짧지도 너무 길지도 않았으면 좋겠지만 누구도 알 수 없는 일이다.

죽음을 생각지 않고 살아가는 사람은 없을 것이다. 죽음은 삶의 연장선에 있기 때문이다. 준비 없는 허망한 죽음을 맞지 않으려면 항상 깨어 살아야 한다는 결론에 이른다.

교회는 죽음을 우리가 왔던 곳, 본향으로 돌아가는 것이라고 말한다. 요셉 형제처럼 마음을 비우고, 이타적인 삶을 살며 주님 말씀에 순종하며 살 때 이 세상을 기쁘게 떠날 수 있을 것이다.

죽음을 앞둔 사람들이 가장 후회하는 일은 살면서 한 일이 아니라 하지 않은 일이라 했다. 충분히 사랑하지 못한 것, 베풀지 못한 것, 하고 싶은 일을 마음껏 해보지 못한 것, 무엇보다 자신을 사랑하지 못한 일이라 한다.

죽음을 어떻게 맞이하는지는 어떤 삶을 살았느냐에 따라 다를 것이다. 죽음에 대해 자주 묵상해 보는 것은 좀 더 가치 있는 삶을 사는 데 도움이 될 것 같다.

잘 지낸 하루가 행복한 잠을 가져오고, 잘 살아온 인생이 행복한 죽음을 가져온다는 레오나르도 다빈치의 말을 생각했다.

# 스텔라, 안녕히

스텔라의 장례미사에 가지 못했다.
눈이 많이 와서도 아니고, 몸이 아픈 탓도 아니다. 딸의 장례미사 이후 나는 누구의 장례미사도 갈 수 없었다.
스텔라는 지난해 연말 국민 모두를 충격에 휩싸이게 한 제주항공 여객기 사고로 목숨을 잃었다. 179명의 희생자 중 한 사람이 된 내 친구 스텔라, 어느 누구 생명인들 아깝지 않으랴마는 건강하고 항상 밝은 스텔라가 그렇게 우리 곁을 떠났다.
TV 속보로 놀란 가슴을 진정시키기도 전에, 영희가 울먹이며 전화했다.
순자가 그 비행기에 탔다는 것이다.
순자의 유해가 장례식장으로 왔다는 연락을 받고, 친구들과 그곳을 찾았다.
활짝 웃고 있는 영정 사진을 마주하는 순간 마음은 더없이 혼란스러웠다.

두 달 전 모임 때, 생각 없이 친구에게 했던 말이 떠올랐다. 남편이 건강이 좋지 않은데 어떻게 몇 박씩이나 여행을 다니느냐고 말했다. 최근 친구 남편이 심장에 문제가 있어 응급실을 몇 번 다녀왔다는 얘길 들었던 터다.

나도 남편 건강 상태가 좋지 않으니 솔직히 이해되지 않았다. 성격 좋은 친구는 내 말에 웃으며 말했다.

"나는 역마살이 들었나 봐. 집에 가만히 있으며 가슴이 울컥울컥 올라와. 그래서 한 번씩 나갔다가 와야 하거든."

솔직하게 말하면 그런 친구가 부럽기도 했다. 나는 꽉 막힌 성격이라 혹시라도 내가 없을 때 남편이 잘못되지나 않을까 하여 잠깐의 외출도 신경이 쓰이고 불안했다.

장례식장에서 수십 년 만에 만난 여고 동창들이 내 손을 잡으며 우리 제발 살아서 자주 좀 보자며, 눈물을 흘릴 때 알게 되었다. 다음에 보자는 말처럼 허망한 말이 없다는걸.

그날 그 사고 비행기를 타서 친구가 그렇게 될 거라고 생각이나 했을까? 하나같이 안타까운 죽음 앞에 가슴이 무너져 내리는데 가족들이야 오죽했을까?

아침에 눈 뜨는 것, 저녁에 가족과 함께 잠자리에 드는 것, 가고 자 하는 곳으로 걸어가는 것, 이 모두가 당연함이 아닌 기적이구나.

우리 모임이 40년이 넘었는데 생각하니 친구 세례명이 떠오르지 않더라. 연미사라도 올려야 하는데, 그런데 순간 스텔라! 번쩍 그 이름이 생각난 게 참 신기했다. 성당 교우끼리는 세례명을 부르는데 우린

늘 학창 시절 이름만 불렀으니까.

친구가 다니는 성당 레지오 단원들이 연도를 바치고 있어서, 함께 친구 영혼 안식을 빌며 연도를 바쳤다.

"주님, 세상을 떠난 스텔라에게 자비를 베푸소서."

스텔라는 장례미사 후 화장장에 들러 영락공원에서 안식에 든다고 했다.

스텔라의 남편은 며칠 사이에 얼굴이 많이 안 좋아 보였다.

"좀 더 잘해 줄 것을…. 그러지 못해 후회되고 마음이 아픕니다."

일찍이 자수성가한 탓에 언제나 자신감이 넘치고 모임에서도 상석 앉는 걸 당연시하시던 분이 기가 꺾이고 나약해진 모습에 마음이 아팠다.

사랑하는 사람을 보내고 공통된 후회는 "더 많이 사랑할걸, 더 많이 이해할 걸, 더 많이 베풀걸."이라고 하는 말이 맞는 것 같다. 함께 있을 때 정말 더 잘해야겠다.

스텔라, 항상 밝고 얼굴 가득 웃음이 떠나지 않던 네 모습이 그립다. 하느님 대전에서 평화의 안식 누리다 우리 다음에 꼭 다시 만나자.

사랑 깊으신 하느님, 여객기 사고로 희생된 모든 이들에게 영원한 안식을 주시고 유가족의 슬픔을 위로해 주시기를 간절히 기도합니다.

## 아무것도 너를

아무것도 너를 슬프게 하지 말며
아무것도 너를 혼란케 하지 말지니

모든 것은 다 지나가는 것, 다 지나가는 것
오 하느님은 불변하시니 인내함이 다 이기니라

하느님을 소유한 사람은 모든 것을 소유한 것이니
하느님만으로 만족하도다

― 예수의 성녀 데레사

가슴 먹먹할 때면 내 마음을 위로하던 이 시를, 생활성서에서 다시 만났다. 여전히 하느님만으로 만족하지 못하는 나를 고백한다. 기도로도 어찌할 수 없는, 고통을 맞닥뜨릴 때면 마음의 중심에 오직 하느님에 대한 신뢰를 두고 인내로서 견디고 견디라고 했다. 그런데 머리로 이해한다고 마음으로 받아들여지고 이해되는 것은 아니다. 행복의 기준을 세상에 두면 참된 행복으로 이끄시는 하느님의 목소리를 알아듣지 못한다고 했다. 그런 점에서 세상 행복의 기준에서 한 발짝도 벗어나지 못하는 나를 인정하지 않을 수 없다.

딸이 떠나기 전 산소 호흡기를 꽂고 힘겹게 삶을 이어가던 무렵의 꿈이다. 언덕 위에 십자가 몇 개가 바람에 부대끼며 위태롭게 흔들리고 있었다. 십자가 하나가 내 앞으로 달려오는 것 같아 꿈에서도 그 십자가를 피하려고 무던히 애를 썼다. 딸을 떠나보내고 그 십자가가 내 의지로 피할 수 없었던 나의 운명임을 알았다.

피하고 싶지만 피해 갈 수 없는 나의 십자가, 누구에게나 크고 작은 십자가는 있다. 그 십자가를 오롯이 품고 가는 사람도 있고 십자가에 끌려가는 사람도 있다. 이왕이면 자신의 십자가를 가슴에 품고 가라고 했던가?

나보다 더 큰 아픔을 겪고 있는 사람들이 많다는 걸 알면서도 내 십자가만 유독 아프고 크다고 생각했다.

수난 성금요일, 예수께서 사형선고를 받으시고 수난당하시며 십자가에 못 박히시고 돌아가시기까지의 영상을 보고 나서 '십자가의 길'을 바쳤다. 처음에는 의례적으로 따라 하던 기도문이 가슴을, 목울대를 촉촉이 적셔왔다. 다른 이도 그러했으리라. 피투성이로 짓이겨진 처참한 예수님의 모습을 보며 성모님의 마음은 어떠하셨을지 생각하니 전율이 느껴졌다. 그래서 예언자 시므온은 성모님께 '영혼이 칼에 꿰찔리리라'라는 다가올 고통을 예언하셨을까?

당신 아들이 십자가에 못 박히시고, 십자가에 매달려 고통받으시는 그 모습을 십자가 아래에서 지켜봐야 했던 성모님을 생각하며 내 고통이 엄살처럼 느껴졌다. "모든 것은 다 지나가는 것, 인내함이 다 이기니라."
그 어떤 것도 더는 슬프고 혼란케 하지 않을 것이라고 가만히 나를 안아준다.

| 발문 |

# 마음의 소리에 귀를 연 물음표

정혜진 전남여류문학회 회장

**이별, 그리고 아픔**

2011년 첫 수필집 『내 인생의 가을』을 출간한 지 14년 만에 두 번째 수필집을 내겠다고 마주한 이매훈 작가와의 만남은 우선 반가움이었다. 그동안 언어를 상실할 만큼 드러낼 수 없는 아픔으로 가슴앓이를 하던 그의 현실을 익히 알고 있는 터라 뜻밖의 대면은 그저 놀라웠고, 한편으로 다행이라는 안도감에 감사했다.
몇 년 동안 스스로를 벽 안에 가두고 두문불출하면서 아파하던 세월이 너무 길어 안타까웠다. 그런데 갇힌 공간에서도 탈출구를 만들었다니 얼마나 대단한 일인가? 그가 숨을 쉴 수 있었던 건 종교와 문학이었다. 자신을 놓아버린 것이 아니라 끊임없이 마음의 소리에 귀를 열고 물음표를 던지며 해답을 찾기 위해 노력한 흔적이 작품 안에 고스란히 담겨있었다.

그는 작가였기에 고난의 긴 터널을 작품에 채워 담은 언어로 독백처럼 되짚고 표출하며 이겨낸 것이다. 살아진다는 자체만으로도 감사할 일이며, 살아 있다는 현실에 고마워하는 마음으로 버텨 온 세월이 얼마나 소중한지 이야기를 들으며 공감했다.

이매훈 작가는 전남 순천에서 태어나 순천여고와 광주교육대학을 졸업한 후 40여 년간 초등학교 교사로 봉직했다. 전원생활을 하신 부모님 영향으로 어린 시절부터 자연에 대한 애정이 깊었으며 책 읽기를 좋아했다. 《문학춘추》에 수필로, 《아동문예》에 동화로 등단하여 문학춘추작가회와 한국아동문예작가회, 전남여류문학회 회원으로 활동하고 있으며, 2011년 수필집 『내 인생의 가을』을 출간했다.

두 번째 수필집 『네 마음 괜찮니?』 서문에서 「가끔 나는 '내'가 되기도 하고 '네'가 되기도 한다. 내가 네게 자주 묻는다. "네 마음 괜찮니?"라고」 어렵고 힘든 이별 앞에서 수없이 안온과 평화를 염원한 기도가 이런 물음으로 마음의 소리에 귀를 열게 한 것이다. 눈에 넣어도 아프지 않을 분신 같은 귀한 딸을 하늘나라로 보낸 엄마에게 이별이란 얼마나 힘들고 어렵고 안타까운 일인지 폐부 깊숙이 뼈저리게 느끼면서 끝내 손을 흔들어야 하는 시점을 찾기 위한 몸부림이었음을 읽는다. 작품을 읽는 동안 눈시울이 뜨거워지면서 감정이 복받쳐 옮은 엄마의 심정이 그대로 이입된 탓이었다고 감히 말한다.

수필집 발간을 위해 가져온 작품들은 일기 형식으로 기록해 놓은 마음이고 느낌이고 위로였으며 이별 연습 과정이라고 그는 털어놓는다. 영원한 이별을 받아들이기 위한 자신과의 싸움이며 순응하고자 노력한 다짐이라는 것이다. 세월이 흐르면 기억도 엷어진다는 말에 동의할 수 없다는 그의 아픔이 투영된 몸짓이었음을 느낀다.
1부의 작품 대부분이 이별에 관한 내용이다. 그리고 작품 하단에 성경 문구나 기도문을 넣은 것도 자신이 위로받기 위한 방편이며 몸짓처럼 느껴진다.

> 우주 어디쯤, 네 영혼은 안식하고 있을까? 하루가 시작되는 아침 창을 열고 네 안부를 묻는다.
> "네 영혼 평안하지?"
> 하루를 마무리하며 밤하늘의 별과 달에게도 묻는다.
> "우리 딸 그곳에서는 고통 없이 평안하게 지내고 있지?"
> "엄마, 잘 있어. 그러니까 아무 걱정하지 마."
> 꼭 한 번만, 잘 있다는, 그 한마디 꿈에라도 들려줄 수 없니?
> 내가 나에게 자주 묻는다.
> "네 마음 괜찮니?"하고.
> 가끔은 나는 내가 되기도 하고 네가 된다.
> 　　　　　　　　　　　　　　　　　　　「네 마음 괜찮니」 일부

「네 마음 괜찮니?」는 나를 향한 독백이면서 하느님을 향한 내면의 외침이다. 이승과 저승이 너무 멀어서 감히 맞닿아 안부를 물을 수는 없지만 그립고 보고 싶은 마음까지 가로막지 못한다. 그동안 얼마나 많은

위로와 위안과 격려와 평온의 소리를 듣고 다독이고 읽고 쓰고 기도하면서 마음을 다스렸지만 남이 아닌 '나'만이 해결할 수 있는 열쇠를 쥐고 있음을 터득한 그는 스스로 해결사가 되어야 한다는 결론에 이른다. 내가 되기도 하고 네가 되기도 한다는 말에서 자식은 가슴에 묻는다는 말을 실감한다. 엄마는 생이 끝날 때까지 가슴에 묻은 혈육을 떠나보낼 수 없다는 것도 절절하게 느낀다. 달과 별에게 묻는 그의 독백이 아프게 가슴을 파고든다. 그러면서 자신을 내려놓지 못해 어찌하면 좋을지 탄식하는 소리가 귓가에 들리는 듯하다.

그러나 신앙과 문학의 큰 힘으로 마음을 다스리고 한결 깊은 내면의 소리로 일상에 합류하면서 조금씩 초연해 지리라 믿고 싶다.

> 죽음은 하느님과 만남이며 영원한 행복에 이르는 길이라고 신앙은 말한다. 그런데도 나는 왜 죽음 앞에 서면 영원한 이별이라고 생각하는 걸까? 죽음을 절망적으로 받아들이는 것은 여전히 신앙적으로 성숙하지 못해서이다.
> 데레사 자매는 시한부 장부를 지켜보면서 자신이 할 수 있는 일이 아무것도 없더라는 말과 함께 이 세상에 내 것이란 아무것도 없다는 걸 알게 되었다고 담담하게 인사말로 대신했다.
> 「지금 나는 어디쯤」 일부

요셉 형제의 장례미사에 다녀오면서 살아가는 동안에 욕심을 부린 행동이 얼마나 덧없는 일인가를 생각했다고 그는 말한다. 흔히 죽음은 마지막 이별임을 단정 지은 평범한 사람들에겐 영원한 안식이란 이해되지 않은 부분임을 솔직하게 털어놓는다. 신앙에 깊이 심취된 사람도 눈앞에서 사라진 안타까운 이별을 마주하는 순간 초연해지지 않은 자신을 탓하는데 신앙인이 아닌 사람에겐 쉽게 적응할 수 없는 어려운 일이다. 쏟아진 눈물이 앞을 가리는 게 현실이다.

그는 요셉 형제의 죽음 앞에서 자신을 돌아본다. '항상 깨어 사십시오. 어떤 상황에서도 주님께 감사하십시오.' 요셉 형제가 자신에게 이렇게 말하고 있는 것 같아서 죽음에 대해 생각한 것이다. 자신에게 올 죽음은 길지도 너무 짧지도 않았으면 좋겠다고. 그리고 잘 살아온 인생이 행복한 죽음을 가져온다는 레오나르도 다빈치의 말도 떠올리면서 오랫동안 숙연해진다.

가진 것 없고 몸이 불편한 삶이었지만 남김없이 다 나누어 주고 베풀면서 살았던 요셉 형제는 가벼운 마음으로 생의 마지막을 편안하게 마감했다고 생각한 그의 말이 다시 귓가에 스치면서 눈앞에 아른거린다. 형체도 흔적도 남기지 않은 영원한 이별은 참으로 받아들이기 어려운 고통이다. 그러나 죽음에 대해 자주 묵상해 보면서 좀 더 가치 있는 삶을 사는 데 도움을 받으려는 노력이 감동을 준다.

> 떠나는 건 없어. 잠시 자리를 비울 뿐, 너는 언제나 우리 마음 속에 함께 있으니까 그 말이 아프면서도 위안이 되더라.
> '네 딸이 얼마나 똑똑하고 예쁘게 자라는지, 엄마의 빈자리를 얼마나 지혜롭게 이겨내고 있는지, 우리 딸 알고 있니?'
> 「아이야, 마법의 불을 켜라」 일부

해외여행을 다녀오는 비행기에서 보았던 영화 관련 내용을 주제로 쓴 수필이다. 그는 평범한 일상을 마법으로 바꾸고 삶에 기쁨을 주는 "메리 포핀스"에 매료되었다고 말한다. 「안개 속에 갇혀도 괴로워 말고 마법의 불을 켜요. 떠나는 건 없어. 잠시 자리를 비울 뿐, 너는 언제나 우리 마음속에 함께 있으니까」 이 말이 아프면서도 위안이 되었다고 한다.
기적처럼 마법을 일으키는 일이 가능하다면 죽음에서 환생하는 순간이 딱 한 번이라도 이루어졌으면 좋겠다는 간절함이 감정 이입되는 착각을 일으켜 너무 안타깝다.

## 엄마라는 그 이름

엄마는 살아 숨 쉬는 동안 지울 수 없는 영원한 이름이다. 나이 들어서도 그러한데 하물며 어린 손녀에게 엄마는 얼마나 더 그립고 절실한 대상인가? 손녀를 생각하면 어디에 마음 둘 곳이 없고 가슴이 무너진다. 그러나 현실을 부정할 수 없기에 참아내야 하는 아픔 또한 너무나 크고 힘겨워서 위로의 말조차 잃었다.

> 나도 그렇다. 가끔은 바다처럼 넓은 마음이 되는가 하면, 때론 바늘 하나 들어갈 수 없는 속 좁은 내가 되기도 한다. 때로 내 가슴은 용암처럼 펄펄 끓다가 어느 순간 바람 빠진 풍선처럼 온몸의 기가 소진한다.

아침 기도 끝에 "전능하신 하느님, 저의 생각과 말과 행위를 평화로 이끌어 주소서." 매일 바치는 기도지만, 평화는 여전히 내게 멀리 있다.

스스로 가치 있는 존재라고, 자신을 존중하고 사랑하는 마음을 가질 때 자존감과 함께 행복할 수 있다는 말, 이론적으로는 충분히 이해하고 받아들이는데 그 일이 왜 이렇게 힘들까?

내가 바꿀 수 없는 일은 겸허히 받아들이고, 바꿀 수 있는 일은 바꿀 수 있는 용기를 주라는 평정의 기도문을 자주 묵상하지만, 순간순간 마음의 고요는 무너지고 만다. '왜 이런 일이 나에게 일어났을까? 도대체 내가 무얼 그렇게 잘못했느냐?'며 또 하느님께 항변하며 원망을 한다.

나의 슬픔은 지금 내게 없는 것에 집착하여 내려놓지 못함에서 오는 것이다.

삶은 내 것이 아님을 깨닫는 것, 영원한 나의 것은 없다는 사실을 깨달을 때 마음의 평정을 찾을 수 있을 것이다.

「알다가도 모를 나」 일부

조성모가 부른 「가시나무 새」라는 노래를 들으면서 떠오른 생각을 쓴 작품이다. 그는 「삶이란 한 조각 구름이 일어난 것이며, 죽음이란 한 조각 구름이 스러짐이다.」라는 서산대사의 말을 마음에 새긴다. 갖가지 상념과 상상과 바람이 뒤엉킨 뇌리의 복잡함은 자신마저 알다가도 모를 일이라고 독백처럼 흘린다. 긴 시간 동안 고뇌하며 어떤 결론에도 다다르지 못한 흐느낌이 오롯이 묻어난다.

그는 스스로에게 묻는다. '나를 내려놓지 못하고, 꼭 쥐고 있는 나를 어찌하면 좋을까?' 이렇게 괴로워하고 자문하고 방황하는 사이에 얼마나 많은 에너지가 소진되었을지 안타깝다. 엄마이기에 더욱 애닯고 절절한 마음이 깊을 수밖에 없다. 그러나 어느 시점에서 자신을 추스르고 스스로 돌아서는 반환점이 꼭 기다리고 있기를 진심으로 바라는 심정이다.

> 손녀는 여느 때처럼 내 가슴에 꼭 안긴다.
> "할머니는 무슨 얘기든 다 들어주고 싶은데, 속상하고 화난 이유 말해 주면 안 될까?"
> 가슴만 파고들 뿐 말이 없더니 기어이 훌쩍인다.
> "내가 어렸을 때는 엄마가 있었잖아. 세 살, 네 살 아니 여섯 살이면 좋겠어. 그땐 엄마가 있었잖아."
> "엄마 보고 싶어 그러는구나."
> 가만히 품에 안겨있던 아이가 고개를 끄덕이더니 기어이 울음을 터트린다.
> "울고 싶을 땐 그냥 울어. 할머니도 네 엄마가 보고 싶어 울기도 해. 참지 말고 응?"
> 손녀 앞에서 눈물을 보이고 말았다.
> 「울고 싶을 땐 울어라」 일부

아침이면 초등학교에 다닌 손녀가 엘리베이터에서 내릴 때 얼른 나가서 맞이하여 집으로 데리고 오는데 그날따라 손녀의 표정이 심상치 않다. 눈치를 살피면서 달랜 후 겨우 아침밥을 먹이고 조심스럽게 화가 난 이유를 물었다. 손녀는 할머니 품에서 몇 마디 말을 하더니 훌쩍인다. 평소와 다르게 엄마가 보고 싶어 참고 있던 눈물을 보인 것이다. 할머니는 손녀의 마음을 헤아리며 울고 싶을 땐 울어도 된다고 말해 준다.

아홉 살 어린 나이에 엄마가 곁에 없음을 말로 표현하지 않고 참아내는 손녀가 너무 가엾어서 가슴이 아프다. 문득문득 생각나고 보고 싶은 엄마를 볼 수 없는 손녀에겐 어떤 말이나 행동도 빈 가슴을 채워주지 못한다는 아픔이 전해진다. 엄마가 있을 때를 그리워하는 그 마음이 너무 짠하다. 할머니의 위로가 손녀의 마음을 채워주길 바라며 최선을 다한 그의 마음이 단번에 내리막길로 하강한다.

딸을 잃은 할머니 못지않게 엄마를 잃은 손녀에겐 너무나 큰 비극이다. 앞으로 살아가면서 견뎌내야 하는 아픔이 작품을 읽는 독자에게까지 전해진다. 할머니의 말처럼 '울고 싶을 땐 울어라.' 하고 말해 줄 수밖에 없는 처지가 오히려 미워진다. 밀려오는 그리움을 이겨내도록 어떤 방식으로든 손녀의 마음을 단단하게 붙잡아 주기를 바라는 마음 간절하다.

이런 마음은 작품 「어버이날의 소회」에서도 사무치게 드러난다. 손녀의 꿈은 엄마가 되는 것이란다. "결혼해서 엄마가 되면 아이가 나는 왜 외할머니가 없냐고 묻겠지?" 엄마가 없는 현실을 이렇게 말한 손녀는 엄마에 대한 무한의 원망을 이렇게까지 비약하여 말한다. 그리고 손녀는 할머니를 공개 수업에도 못 오게 한다. 할머니가 오면 엄마가 없다는 것을 다른 친구들 앞에 확실하게 보여 주는 것이기 때문이란다. 얼마나 가슴 아픈 말인지 그저 먹먹하다. 할 수만 있다면 어린 가슴에 깊이 자리 잡은 상처를 말끔하게 치유해 주고 싶다.
이매훈 수필가는 손녀를 보면서 세월호 그 아이를 생각한다. 제주도로 이사 가는 날 엄마 아빠 오빠를 잃고 누군가에 의해 구출되어 혼자만 살아남은 아이는 앞으로 엄마 없는 세상을 어떻게 살아나갈지 영원히 불러볼 수 없는 엄마라는 그 이름을 생각하면 걱정이 앞선 것이다. 너무도 암담한 그 아이의 처지가 남의 일처럼 생각되지 않음을 작품 안에 표현해 놓았다.

## 희망의 빛을 읽다

가슴에 쌓인 그리움이 좀처럼 누그러지지 않는 이매훈 수필가의 작품을 보면서 가느다란 희망의 빛을 읽는다. 무던히도 애쓰는 노력이 한 가닥 불빛으로 다가서고 있음은 밝은 불빛이다. 이제 주변의 이야기에 눈을 돌릴 만큼의 여유가 꿈틀거린다. 본연의 모습을 향해 일상의 작은 일거리를 찾아내고 웃음도 만들어 가기를, 그래서 행복은 누가 가져다주는 것이 아님을 정신력으로 행동으로 캐내기를 조심스럽게 기대해 본다.

> 인간극장을 보았다. 선혜 씨의 9살 딸 하은이…. 우리 외손녀와 같은 나이다.
> 선혜 씨는 이혼 후 우울증과 뇌출혈로 몸도 자유롭지 못하고 말도 어눌하다. 2년 전 쓰러져 이만큼 좋아진 것도 기적이라고

했다. 많은 기억을 잃었고 몸도 불편하고 말도 어눌하지만, 그까짓 게 대수인가? 지금 살아 있지 않은가?
"내가 너를 다시 일어나게 하리라."
친정어머니의 독한 각오와 선혜 씨의 강한 의지, 아버지와 오빠의 가족 사랑이 기적을 만들었다. 친정아버지는 외손녀가 아니면 웃을 일이 없다고 했다. 우리 부부와 똑같다.
왜 그렇게 부러울까? 우리 딸도 그녀처럼 몸이 불편하고 말도 어눌하더라도 살아만 있다면, 연금 받으며 편안한 노후를 보내지 않아도 좋고, 선혜 씨 어머니처럼 고단한 일상을 보내며 살아도 좋으리라.
할아버지 등에 업혀있는 하은이를 보며 여행 때면 늘 외할아버지 등에 껌딱지처럼 붙어있던 누리 모습이 떠올라 눈시울이 젖는다.
「너는 나의 봄이다」 일부

이매훈 수필가에게 손녀는 봄이고 희망이며 동반자이다. 작품에서 보여 준 것처럼 그에게 손녀는 멀리 있는 길을 함께할 라피크, 동반자다. 그래서 어느 하루도 빠짐없이 '손녀의 동반자가 되게 해 주소서' 하고 기도하며 손녀의 곁을 지킨다. 엄마 대신 할머니가 손녀를 지켜주겠다고 약속한 만큼 손녀도 이런 할머니의 다짐을 굳게 믿어주었으면 하고 바라는 심정이다. 할머니가 품어준 세월만큼 손녀 또한 할머니를 동반자로 확신한다.
아직 어린 손녀가 성인이 될 때까지 지켜주고 싶은 할머니의 결심이 분명 손녀에게 전달된 것이다. 그러나 아무리 할머니가 최선을 다해도 엄마 잃은 손녀의 빈 가슴을 채워줄 수 없음이 안타깝다. 작품을 읽으면서 어렸을 때부터 엄마처럼 돌봐준 손녀에게 엄마의 빈자리를 할머니로 채웠으면 좋겠다는 바람이 커짐을 느낀다. 작품을 읽는 동안 내내 애잔한 마음이 깊어진다.

이매훈 수필가는 도움을 주는 지인들에게 항상 감사하는 마음을 가지면서 희망을 향해 한 걸음 가까이 가려고 노력한다. 멘토 같은 후배의 배려에 고마워한다. 틈만 있으면 책을 읽고, 명화를 감상하고, 음악을 듣고, 산책을 하면서 마인드 컨트롤로 하루를 챙긴다. 불우한 어린 시절을 보냈던 에르바르 뭉크, 빈센트 반 고흐 등의 아픔도 공유하려 마음을 기울이는가 하면 아픈 현실에서 탈피하려고 자신을 다잡곤 한다. 평온한 시간을 만들어 가면서 희망을 곁에 두려고 노력한다. 그리고 모든 것에 감사하며 기쁘게 살아가리라 다짐하면서 하루를 엮어간다.

여행을 좋아한 이매훈 수필가는 주로 가족들과 지구 곳곳을 다니며 추억을 만들어 가는 것을 즐겼다. 남편은 물론 딸 사위도 동행하여 여행을 다니면서 너무나 행복한 시간을 보내곤 했다. 그토록 행복했던 여행이 사무친 그리움으로 남을 줄 몰랐다고 말한다. 제주도에서 보낸 2박 3일, 섬진강 강줄기에서 맞이한 봄, 캄보디아, 오클랜드, 남알프스의 웅장한 자태, 푸카키호수, 다뉴브강 야간 유람선, 피오르드 남섬 관광 등등 여행에서 딸과 함께 쌓아 올렸던 추억이 너무나 그립다는 그에게 어떤 말이나 도움이 위안을 줄까 싶다. 멀리 있어 더 그립다는 말이 아프게 들린다.

다만 그에겐 좋은 사람들과 맺은 인연이 곁에 있어서 다행이라 여긴다. 끊임없이 소식을 보내와 마음의 평정과 희망을 주려고 애쓴 딸의 중학교 때 담임 선생님, 신티아 자매님, 제자, 선후배, 안사돈, 지인들의 도움으로 생각을 바꾸고 가라앉은 분위기에서 가끔은 벗어날 수 있었다고 말한다.

병상에서 고생하던 딸이 「꼭 나아서 효도할게요.」하며 편지를 써 준 것도 그리움으로 남아있다고 한다. 그는 딸이 너무 보고 싶을 땐 멀리 하늘을 보며 속 대화를 나눈다고 말한다. 아침에 일어나면 베란다에 나와 하늘을 올려다보며 딸과 이야기를 나눈 것이 일상처럼 되었다는 말에 안쓰러워진다. 대답 없는 딸을 향해 그렇게 아침 인사를 나눈 엄마의 마음이 가슴에 깊은 그리움으로 쌓여 있을 것 같아 코끝이 찡해진다. 이별이 없다면 그리움도 없었을 텐데 살아가면서 가장 큰 아픔을 안고 가야 하는 무게가 어느 정도인지 가늠하기 어렵다. 좋은 사람들과의 인연으로 희망의 크기가 조금씩 자라기를 바라는 마음 간절하다. 자신만이 터득한 특별한 처방으로 그리움에서 벗어나 희망 앞에 다가서기를 빈다.

## 마음의 소리에 귀를 열며

집착하는 마음을 내려놓을 때 비로소 놓아버리기가 가능하다. 모든 고통의 원인이 집착에서 오며 집착이 괴로움의 원인이라는 것도 알고 있다. 그런데 자식의 죽음은 이해의 영역이 아니다. 마음 깊은 곳에서 여전히 "왜 우리에게 이런 엄청난 형벌을 주는가? 대체 우리가 무얼 그렇게 잘못했는가?" 하루에도 몇 번씩 그분께 묻는다.

~ 중략 ~

지금 나에게 있는 소중한 많은 것을 잊은 채 오로지 잃어버린 한 가지에 매여 굳게 닫아버린 마음이 문제일 것이다.

인간은 어느 정도의 상실을 이겨낼 수 있을까? 영적 기쁨은 아무런 문제가 없을 때 생기는 것이 아니라, 고통과 슬픔을 이겨내고 하느님의 현존을 믿을 때 생기는 은총이라고 한다.

내가 받아들이고 놓아버리기까지는 얼마나 더 많은 시간이 필요할까?

「놓아버리기」 일부

이매훈 수필가는 이별 슬픔 그리움을 놓아버리는 방법을 찾아내려고 무던히 노력하고 있음도 작품 속에 드러나 있다. 「집착하는 마음을 내려놓을 때 비로소 놓아버리기가 가능하다.」는 것이다. 그러나 놓아버린다는 것은 이해 영역이 아님도 토로하고 있다. 이는 수학 문제를 풀어서 해답을 얻는 것처럼 정확한 답이 있는 것도 아니고 노력만으로 해결되는 문제가 아님을 알기에 어렵고도 힘이 들어 한다.

하지만 세월과 함께 노력하는 가운데 희망을 찾고자 하루를 열고 닫는 그의 몸짓이 결코 헛됨이 아님을 알고 있다. 지혜로움과 사랑의 실천을 통해 그리움 속에서도 희망이라는 뿌듯한 해답을 얻게 되리라 믿는다.

이매훈 수필가가 서문에서 한 말을 다시 소환한다. 「가끔 나는 '내'가 되기도 하고 '네'가 되기도 한다. 내가 네게 자주 묻는다. "네 마음 괜찮니?"라고」 내 마음이나 네 마음은 아직 괜찮지 않음이 분명하다.

이별 앞에서 눈물을 보인 아픔과 그리움과 평온을 향한 몸부림과 희망을 찾아내려는 끈질긴 노력이 그 마음을 대변해 주고 있다.

그러나 문학이라는 끈이 연결고리를 만들어주고 있기에 그 모든 걸 작품으로 표출할 수 있어서 얼마나 다행인지 감사할 뿐이다. 차마 이겨내기 버거운 마음을 수필로 풀어내면서 위안을 얻는 그의 용기에 박수를 보낸다. 문학이 아니었다면 상심의 바닥에서 얼마나 더 고뇌하고 아파했을지 모를 일이다.

종교의 위력과 좋은 인연과 자신의 정체성을 찾아 나선 이매훈 수필가에게 희망으로 다가선 일상이 마음의 평정으로 자리 잡기를 소망한다. 때로는 마법 같은 불빛이 찾아오고 하느님의 은혜와 영광이 함께하면서 현명한 지혜가 자신을 컨트롤하는 가운데 가슴에 안긴 손녀의 숨결이 더욱 따스하고 편안하길 진심으로 바란다.

진한 감동으로 우리 앞에 펼쳐질 수필집 『네 마음 괜찮니?』가 끊임없는 그의 물음표를 잠재우고 평온한 미소로 화답해 주었으면 좋겠다. 이제 내려놓기와 여유로움이 함께하면서 마음의 소리에 조금 더 가까이 귀를 연 그의 하루하루가 행복으로 이어지길 기원한다.

이매훈 제2수필집

## 네 마음 괜찮니?

인 쇄 2025년 7월 17일
발 행 2025년 7월 22일
지은이 이 매 훈
펴낸이 노 남 진
편 집 장 숙 영
펴낸곳 (사)한림문학재단·도서출판 한림
　　　　61488 광주광역시 동구 백서로125번길 11(금동)
　　　　(062)226-1810(代)·3773
　　　　E-mail hanlim1992@kakao.com
　　　　출판등록 제1990-000008호(1990. 9. 14.)

ⓒ 이매훈, 2025
이 책의 저작권은 저자에게 있습니다.
저자와 출판사의 허락없이 내용의 일부를 발췌하거나 인용할 수 없습니다.

값 15,000원
ISBN 978-89-6441-609-9　03810

* 이 책의 판매처 : 교보문고, 예스24, 충장서림